誰も教えてくれない
”老老地獄“を回避する方法

老親・配偶者が
「あれっ？何か変だな」
と思ったら

NPO二十四の瞳
理事長
山崎 宏

はじめに

本書は、自分の年齢を四捨五入すると「１００歳」になってしまう人のために書かれた本です。もちろん、「10」の位を、です。

現代は、１００歳まで生きなければならない時代です。ご自身の体に明らかにガタが出はじめるのが50代。仕事についても先のことを考え始めなければならないのがこの年代です。

プライベートではどうでしょうか。配偶者とは倦怠期？　また、親のエンディングについての諸問題が表面化する時期でもあります。

子どもたちはと言えば、大学受験や就職や結婚といった人生の一大イベントと対峙する大事な年ごろです。住宅ローンがまだ完済できていないという人も多いはず。お金にまつわる心配や不安、さらには自分や親の体の心配が重なります。

私どもＮＰＯ法人では、「通称コマホ」と称される電話相談サービスを運営しています。シニア向けの24時間３６５日対応のお困りごとホットラインのことですが、ここに電話をしてくる相談者は、その８割が50代です。

さて、スタッフの間で「双子のダルマ」と称している問題があります。

彼らの親は80代、子どもは20代。それぞれが人生において大きな分岐点を迎える時期なのでしょう。

「20代・50代・80代」の「2・5・8」を「双子のダルマ」と読んだだけのことなのですが、真ん中に位置する50代の人は、老親のことはもとより、自身の老後のことまでしっかり方針を決めておかないと、子どもたちまで引きずられて、結果的に3世代を巻き込むような厄介な問題に発展してしまう危険性がある…。

そんな意味をこめて、『双子のダルマが倒れる時』と警鐘を鳴らしているのです。

つまり、人生100年時代のキーマンは50代の人たちだと思っています。この人たちが本書の主旨を理解して、それを実行してくれたとしたら、「老老地獄」の問題は解決するはずです。老後のあらゆる不安が解消するはずです。

でもこれが、3世代の年齢が「3・6・9」になってしまうとちょっと遅いかもしれません。

老後不安の最たるものは、医療・介護・家計・葬儀です。これら〝複雑怪奇〟なテーマについて学んで本質を理解するためには、50代が限界だと思っています。

いいや、仕事を抱えながら対処するのは無理があるかもしれません。でも、現代の「老い」の問題の本質を理解してもらうことはできると思います。

だから、50代のうちに本書を手にしていただくのが理想です。

もちろん、60代以上であっても理解力の高い人、もしくはチャレンジ精神旺盛な人は大歓迎です。


最後になりますが、本書のパート4（第4章）では、「エピソードファイル」として実際に私どもＮＰＯ法人がサポートした「事例」を赤裸々に紹介（登場人物はいずれも仮名）しています。

是非じっくりとお読みください。これらは決して他人事ではありません。いつ明日はわが身となるかわからない………それがいまの時代なのです。

いずれにしても50代からの人に申し上げたいことはただひとつです。

さあ！　本書を読んで、老老地獄を回避せよ！

誰も教えてくれない〝老老地獄〟を回避する方法◆目次

パート2

シニアよ、当てにするな

パート3

シニアよ、自律せよ

パート 1

シニアよ、ダマされるな

❖目覚めよ！　国に期待するなかれ

昨秋（2015年11月）パリで起きた悪夢のような大規模テロ。日本人にも馴染みのある花の都で起きた惨劇で、死傷者は500人にも及んだ。思えば、2015年は、イスラム国による後藤健二さんの殺害で幕を開けた。もはや、何が起きても不思議ではない時代なのだ。

民間レベルでは、東芝、三井不動産、千趣会、ファイザー、マクドナルド、群馬大病院、メッセージ、ワタミ……。今年に入ってからも、NHK、早稲田大学、三省堂、駿台予備校、CoCo壱番屋、TSUTAYA、ドン・キホーテ、読売巨人軍。そして、セブン&アイグループのお家騒動。いちばん旬なところでは、三菱自動車の燃費偽装。そうそう、SMAP騒動なんてぇのもあったっけ。

こうした大所の不祥事の数々は、私たちは一体何を信じたらいいのかを皆目わからなくして立ち往生させる。

さらに身近なところでも、介護を背景とする家族間の悲惨な事件、認知症シニアによる交通事故、精神を病んだシニアたちによる凶暴犯罪…。

いわゆる「老老地獄」である。次から次へと報道されるネガティブな嵐の中で、国民は政治に期待しては裏切られてきた。もういいかげんに目覚めるときだとつくづく思う。

日本が世界最長寿国となってすでに30年以上。きんさん・ぎんさんが人気を誇った90年代は遠い昔だ。１００歳以上人口が10万人を突破する日も近い。

しかし、まちがってはならない。決して不老長寿の国になったのではない。私たちは、長生きと引き換えにさまざまなリスクを背負いこんだ。

その最たるものが、寝たきりや認知症や終《つい》の棲家（死に場所）といった介護の問題だ。

なのに、である。国家として、これらを支えるインフラが整備できていないことが家族間の凄惨《せいさん》な事件となって表面化してきているのだ。

安倍政権は、1億総活躍社会構想のなかで「介護離職ゼロ」を高らかに宣言した。最も安価な死に場所である特別養護老人ホームなど40万人分を整備するという。実際に介護現場で働く人たちの給料を考慮しないままに…だ。

いま大切なのは、こうした不毛なスタンドプレーに一喜一憂しないことだ。当然のごとく、実現の根拠も可能性もない。

そう言えば、昨年初めの頃には、認知症対策として「新オレンジプラン（認知症施策推進総合戦略）」というのもあった。こんなもの、だれに訊いてみたって知る由もない。あれも安倍内閣のＰＲにすぎない。

現代の政治とはそういうものだ。財源がないから何もできない。何もできないけれども、自分たちの立場と既得権益は守らねばならないから投資家ウケするキャッチーなフレーズを駆使してムードメイクするわけである。

そうすることで少なからず株価は上がり、景気回復ムードを演出することができる。世界は限られた人間たちの論理でコントロールされているのだ。

ところで、介護の「介」という漢字は象形文字である。それでは、読者のみなさんは「介」という文字が何を表しているかご存知だろうか。

答えは、「鎧をまとった武将が荒野に佇んでいる姿」。そして、その意味は「自衛」なのである。

介護の問題は誰しもが通る道である。日本が人類史上例のない超超高齢国となることは何十年も前からわかっていたはずだ。しかし、いかに高い志をもった人であっても、良貨は悪貨に駆逐されてしまうものなのだろう。永田町や霞が関の住人は、目先の票やカネにしか眼中にない。介護や認知症の問題を本気で解決しようとはサラサラ思っていない。

私たちは、もうそのことに気づかねばならない。自分の行く末は、自分で守るしかないと覚悟しなければならない。

❖たとえば死に場所の問題

「身の回りのことはどうにか自分でできる。でも配偶者と死に別れ、子どもも巣立った今、一人暮らしには広すぎる持ち家を維持管理しながら生きていくのはちょっとなぁ…」。

　そんな、いまは元気だけれど、加齢とともに老い先への不安が膨らんでいくシニア世代。そんな彼らには、死に場所の選択肢がまったくないというのが現在の終の棲家の実情だ。子ども世帯とも離れ、配偶者が逝くなかで、とりあえず現状の持ち家で暮らしているシニアたちがたくさんいる。

「家が高台にあり、買い物に行くのも億劫《おっくう》」・「駅から遠い」・「周辺に坂道が多い」・「水回りが老朽化してきて困る」・「独り身には広すぎる」・「作りが古いせいで冬場は寒い」・「屋根の雪かきが大変」…。

　そんな本音をぐっと胸の奥にしまいこんで、どうにかこうにか暮らしているというケースが実に多いのだ。

　高齢者施設等の見学会に出向くたび彼らは言う。

「なんと言うか…。どの物件も、自分がそこで生活するイメージを持てないんですよねぇ」。

　理由は明らか。既存の物件は、ほとんどが要介護者（しかも重篤《じゅうとく》な人）を想定しているため、全体的に介護色が前面に押し出されているからだ。

誰であれ、いつかは他者のサポートが必要になるのだろうなぁとは理解しつつも、現段階で自立できている人たちはナマナマしい介護の実態には積極的には触れたがらないものだ。

要は、食事介助や排泄介助されながら流されるようにそこにいる人たちにまじって生活することに抵抗があるのである。

そこで国は、「サービス付き高齢者向け住宅」という安価な死に場所を60万人分作ろうと躍起になっている。建ててくれた人には多大な補助金や税制優遇という特典を付けて。

しかし、結局は医療や介護で食べていこうとする輩がニンジン目当てでたかってくるから、できあがった建物は、いま現在医療や介護を必要とする重篤な人向けのものばかり。

都市圏ではすでに供給過多で空き室が目立っている状況だ。

❖国家戦略なきニッポン

ちょっと話は変わるが、旧約聖書の最初に大災害の物語「ノアの方舟」というのがある。地球上に大洪水が襲ってきて、人類のほとんどが死滅してしまうのだが、でもその時、神の許しを得て〝ノアさん一家〟だけが生き残ることになる。この時、ノア一族だけが彼らだけが、船を作って食糧を積んで大洪水を乗りきる。この時、ノア一族だけが生き残ってくれたがゆえに、今日私たちはこうして存在しているわけである。

これ以降、一貫してキリスト教においては、どうすれば人類は生き残れるか。サバイバルこそが生きていく上での最重要課題となった。

20世紀最大の海難事故「タイタニック号事件」は何度も映画化されているから、知らない人はいないだろう。大西洋を航海中の豪華客船が氷山にぶつかって沈没してしまう。そこに乗っていた2千人の乗客は最期をどう迎えたのか。

船にとどまり客船と運命を共にする者と、救命ボートに乗って生き残る者が、そこで選別されることになった。優先権は若い女性と子どもたち。つぎに若い男性たち。一方で、高齢者は全員船と運命を共にすることに。

生き残る者と死に行く者があそこで選り分けられる究極のドラマだ。そこにもキリスト教の基本戦略が顕著に表れている。そして、結局のところ、これは優先順位の話なのである。

大災害が発生したら、誰を生き残らせるのか。誰に死を甘受してもらうのか。そういう究極の選別にも顔を背けることなく対峙するのがトップの役割である。

選択が非常に困難な状況が常に押し寄せてくる。でもそれに耐えてジャッジしなければならないのがトップたる者の宿命なのだ。

いま日本が置かれている状況はまったく同じだと思う。キリスト教のように明確な基本戦略のないわが国のリーダーは、果たして何をどう選別するのだろうか。政局最優先で、失票を恐れてみんなに美味しいことを言っている限り、私たちの未来に光は見えてこない。

もう少し範囲を絞って、ニッポンの高齢者福祉のことを考えてみよう。財源が限られている以上、その配分を決めるとき、やはり優先順位をつけなければならない。歴史的に政治家は、弱い人たちにフォーカスしてきた。課税世帯よりも非課税世帯を、非課税世帯よりも生活保護世帯を、健常者よりも障害者を、自立者よりも要介護者を優先してきたわけだ。

その結果、国民年金だけを拠り所に生活している人たちがいちばん我慢を強いられているのが現状で、実はこの人たちは、パイとしていちばん大きい層でもある。

終の棲家にしても、こういった人たちがイメージできる最後の生活場所がまったくない。寝たきりとか認知症とかになってしまえば、最終的に死んでいく場所はおのずと定まってくる。でも、そんなに大きくない会社や自営業で必死に働いてきた結果、生活保護を受給するほどではない。

身の回りのことはまだ自分でできる。こういった人たちが、人生のファイナルステージを描けずにいるのがいまのニッポンなのである。

❖国会議員との対話でわかった真実

わが国の国債発行累計は1千2百兆円。国民一人当たり800万円の借金をしている計算になる。一方で、国民の預貯金総額は1千4百兆円。これがあるから、世界経済において、円はどうにか強い地位を保っていられるのだ。

しかし、このまま国の借金が膨らみ、貯蓄高を超えてしまったとしたら…。それが、ニッポンがかつてのギリシャの立場に転落する瞬間である。

以下は、東京郊外の私鉄沿線の駅街頭で、傘をさしながらマイクを握っていた政治家と会話したときのひとこまだ。

―私は福祉関連のNPOをやっていて、シニアとのつきあいが多いのですが…。あなたの党は福祉についてはどうお考えですか？

「そりゃあ福祉は最重要課題です。しっかりとやっていきます」

―そうですか。でも福祉を充実させるためにはお金が要りますよね。ということは、やはりあなたの党は税金をたくさん取る方向に持っていくのですか？

「いや、国民の生活をこれ以上圧迫するなんて絶対にダメ。増税には断固反対です」

―税金をあまり取らずに福祉をしっかりやっていくと、当然お金が足りなくなりますね。じゃあ、赤字国債を発行してまたまた後世にツケを回すということですか？

「滅相もない。子ども世代に借金を残すなんて、そんな厚顔無恥はしてはなりません。そうでしょ！」

―国債も発行せず、増税もせず、それでどうやって充実した福祉を実現できるんですかねぇ？　そうなるともう行政改革して節約するしかないですね。

「もちろんですとも。行政改革は継続強化していくことが必須です」

―行革というと、突き詰めていけば結局は人件費だと思うのですが。

「…。まぁ、そうなるでしょうね」

―ということは、役人の首をどんどん切っていくと考えていいですかね。

「とんでもない。一生懸命働いている人たちの生首を切るなんて…。わが党はそんなことはしませんよ」

―となると…。自然減を新卒で補充しないという無難な策しか残りませんよねぇ。それでは何十年もかかってしまって、財政破綻のスピードに全く追いつけないような気がするのですが」

「…」

―…

「そこが難しいところなんですよ…」

―？？？

戦略とは優先順位なり。票を失いたくないからといって、すべての既得権益には触れないということですか？　生活保護者も障害者も母子家庭も大事。いや、公務員と政治家がいちばん大事。

高齢者も大事とは言いながら、優先順位は要介護度の高い順。

この国は、これから先もずっとそうなのだろうか？

私はあえて違うスタンスを取る。後期高齢者よりは前期高齢者。重度要介護者よりも軽度要介護者。要介護シニアよりは自立シニアである。理由はふたつ。

ひとつは、これまでの医療福祉行政において、前者に対しては後者に対してよりも手厚く振舞ってきたし、その結果として何とか最期を迎えられるインフラがすでに整ったと思うからだ。

もうひとつは、後者の人たちにはまだまだ培ってきたさまざまな価値を、続く世代に引き継いでもらうべく活躍してもらわなければならないから。

そういう人たちにこそ、元気なうちから老い先への不安を低減できるような配慮をすべきだと思うのだ。

誤解を恐れずに言うならば、次の世界に旅立つときを待っている人たちと、まだまだ何十年とこの国に貢献してもらわねばならない人たちの、いずれに資源配分の比重を置くのかということ。

これこそが、いまのニッポンの高齢者施策に求められている優先順位なのだ。

旗幟鮮明。社会科の教科書に乗っていた幕末の志士たちには信念があったし、それを言葉で発信していた。いや、昭和の時代だってそうだったような気がする。

自分の主義主張を堂々と演説している最中に、過激な反対派に刺殺されてしまった政治家だっていたものだ。本音で語ればそれだけリスクは高くなる。だから暗殺されるなんてこともままあった。

それでもかつての政治家は信念を曲げなかった。そんな気がする。少なくとも、八方美人な票集め用のコメントしか吐けない現代の政治屋に比べれば…。

❖勝者は敗者の犠牲の上に

ここで、知らなきゃこわい真実についてお伝えしたい。永田町や霞が関の住人に、「B層」と呼ばれている人たちがいる。

自分で学ぶことなく、メディアから垂れ流される報道だけを鵜呑みにして能天気に暮らしている愚かな大衆といった意味だ。

B層にはテレビ大好き人間が多いようで、家にいる時は一日じゅうテレビのスイッチをオンにしているという。で、そこから垂れ流される情報を真に受けやすく、国家を運営する側からすると容易に洗脳しやすい人たちということになる。

そんなB層の人たちは、「一億総活躍社会」とか「介護離職ゼロ」とかいった表層的な言葉遊びが大好きだから、容易に明るい未来をイメージして納得してくれる。だから国家の舵取りをしている人たちは、このB層がいるから安泰なのだ。B層の犠牲の上に政治家や役人たちは幸せを得ているわけだ。だから、このB層の人たちには、いつまでも、未来永劫、B層でいてほしいと願っている。

70数年前も国民は国家にダマされた。そして今、またまた「一億総活躍社会構想」にダマされようとしている。とんでもないって？　いや、ちがうのだ。ダマすほうも悪いが、ダマされるほうも悪いのだ。

幸福を国に求めたり、不幸を国のせいにしたりすること自体が、そもそもまちがいであると気づくべきなのだ。

自分の幸せは自分で獲得すべきもの。自分の危険は自分で回避すべきものなのだ。これを認識できるかどうかが、私たちの未来の浮沈を握っている。

永田町や霞が関の人たち、そして、彼らから恩恵を受けている人たちは言っている。

「介護の問題は時すでに遅しだ、もはや打つ手がない」
「まあ、自分たちにはさして影響のない話だ」
「この手の問題は票にならないからねぇ」

でもこんな本音を言ってしまったら選挙で痛い目に合う、今の立場がなくなるし、暗殺なんぞされてはたまらないので貝になっているだけのことだ。

だから、シニアも、障害者も、母子家庭も、ぜぇんぶ大切だと口先では言うのである。だが本当を言えば、こうした人たちの予算配分の優先順位はかなり低い。

大体、政治家や役人たちは、老老地獄だの認認介護だのといった問題で悩む必要がない。その推定年収は、内閣総理大臣が5千万円、国務大臣で3千5百万円、国会議員が3千万円、事務次官は3千万円、局長クラスでも2千万円は優に超えるだろう。

地方だってそうだ。かつては、卒業を控えた大学生の間で、「地方公務員になってどうすんの？」とか言われながら、地元の縁故で入庁したような人たちが今や地方行政の上層部に君臨している。

身分保証と年功序列の恩恵に加え、金銭面でも一般大衆からすれば羨望の対象だ。

地方議員で1千5百万円、地方公務員の平均年収は700万円超で、かつ退職金が3千万円。日本という国、役人天国はあい変わらずだ。

さらに…。彼らは定年を迎えても天下り（あるいは再任用）できるので、生きている限りキャッシュインの心配がない。

つまり、本人や家族が要介護になったところで、月100万円を払って介護のできるお手伝いさんを住み込みで雇えばいいだけの話なのである。

世の中に介護の担い手が足らなかろうが、特養や病院が足らなかろうが、自分たちには関係がない。

そんなことよりも、道路や建物をたくさん作ることのほうが重要なのだ。

この先、人口が減り、車も減ることがわかっていても尚、である。

しかし、この本を読んで憤慨する人は、すでにB層だということになる。そんなことは学生時代に教わったはずだ。

ニッポンが資本主義国家である以上、資本主義イコール競争社会なのだから、敗者がいて勝者がいるのは当たり前のことなのだ。

国家や地域を牽引する側の人たちの悠々自適な暮らしは、多かれ少なかれ、愚かな大衆の犠牲の上でこそ成り立つものなのだ。受験戦争があり、就職戦争があり、そして最後には老後戦争が私たちを待ち受けている。

そう割り切って、老後の勝者となることを考えたほうがいい。

しょせん世の中、勝者（一部の富裕層）は敗者（一般大衆）の犠牲の上に成り立っているのだ。

せめて企業群には期待したい。「介護離職ゼロ」はもとより、「ダイバーシティの推進」やら「女性活躍推進法」など、安倍政権の人気取り戦略を具現化できるとしたら、やはり有力大手企業だろう。

社員が安心して仕事に没頭できる環境づくりは、決して表層的な『介護休暇取得』や『在宅勤務』の奨励ではない。

むしろ、社員や配偶者の時間的・物理的負荷をかけることなく、老親問題を丸投げできるようなワンストップショッピング機能を有するプロフェッショナルを窓口として確保することだ。

他社に先駆けてそんなインフラを整備してこそ、社員ロイヤルティが高まるものだ。簡単な話だ。例えば、私どもの法人会員になればいい。

❖これが「老老地獄ナウ」だ！

シニア（65歳以上）人口3千5百万人。うち、後期シニア（75歳以上）人口1千万人。１００歳以上は6万人。10万人を突破するのも時間の問題だ。きんさん・ぎんさんが重宝がられた時代が懐かしい。

平均寿命は、男性81歳、女性87歳。健康寿命は、男性72歳、女性75歳。世界ランキングは断トツの1位だ。

しかし、誤解してはダメだ。決して不老長寿になったわけではない。私たちは、長生きと引き換えに大きなリスクを背負いこんだ。

それが、平均寿命と健康寿命の差だ。推定要介護期間は、男性9年、女性12年。現時点で、要介護者600万人。認知症患者は500万人。予備軍も含めると1千万人を超えている。

ここに「老老地獄」が存在するのだ。

「老老地獄　介護殺人　老老介護　介護虐待」でキーワード検索してみよう。

●都営団地で2遺体…1人はミイラ化、高齢男女（80代・70代）兄妹か

●出口なき介護地獄…認知症の祖父（73）の介護に疲れ、母（56）・娘（31）・孫（9）が無理心中

●恐怖の認認地獄…認知症の妻（81）を認知症の夫（85）が殺害

●老老介護の地獄絵…83歳妻が寝たきりの84歳夫を刺し殺す

●夫婦愛を憎悪に変えた老老介護…72歳夫が71歳妻の命を絶つ

●絶望の介護殺人…85歳の母が寝たきり状態の62歳の長女を殺害

●老老介護の結末…59歳長男が91歳父を殺害、息子をかばう母85歳

●偽りの絆…四世帯家族の暮らしに居場所なし、85歳の認知症女性「もう死にたい！」

●生活保護も断られ人生を断念…54歳息子、認知症の母親（86歳）を絞殺
●母娘介護殺人…もう限界！　介護に疲れた二女（58）が寝たきりの母（82）を殺害
●父娘介護殺人…介護に疲れた娘（59）が病気で寝たきりの実父（86）を絞殺

相次ぐ、家族間の凄惨で哀しい事件。

氷山の一角かもしれないが、過去15年間に600件にもなる。毎月3、4件の割合で、この国のどこかで家族間の地獄絵が起きていることになる。

一般に、家族の問題は他者の介入・介在が難しい。福祉の限界がそこにある。老老地獄は、想像以上にあちらこちらに人知れず転がっていると考えたほうがいい。

壊れゆく老親、壊れゆく配偶者、壊れゆく老いた子。すがる親世帯、忙しい子ども世帯、離れゆく血を分けた親子の心。


あなたのすぐ身近な場所にも、老老地獄はあるはずだ。

老老地獄…。自分には関係のない話だと、本当に言いきれるだろうか。これを他人事で済ませてはならない。いつ、誰の身に起きてもおかしくないということを認識し

ておく必要がある。それが、世界でもっとも長生きしなければいけない時代の老後を、生きなければならない私たちが背負った十字架である。

❖ここが地獄の1丁目

老老地獄には伏線がある。それは、ズバリ「要介護」と「医療依存」のふたつだ。それは自分の人生の主役からはずれる時と言ってもいい。

どういうことかと言うと、それまで自分の人生において当然主役を張ってきた人たちが、要介護とか医療依存とかいった状態に陥ってしまったら、その途端に人生の主役でなくなってしまうということだ。

自分の意思で自分の人生を選択できなくなるのだ。仮に身体的には「自立」していたとしても、もはや「自律」はしていないのだ。

人生の主人公だった人が、ある日を境に、例えば、子どもや配偶者にとって人生の悪役（恨みつらみの対象）に堕ちてしまう。例えば、医者にとっては、ドラマの通行人（どうでもいい存在）に堕ちてしまう。

つまり、自分の人生を主体的に生きられなくなってしまう。本来ならば、自分が主役の人生の最終章を見事に飾りたいという意思とは逆に、ただ漫然と惰性で流されながら、かつ身内にまで嫌われながら、ただ生きていくことになるのだ。

これはすでに死そのものである。


そんな状態は誰だって望まないに決まっている。いま現在、老親という厄介な存在を抱えて困窮している子どもや配偶者だって、もちろん望んでなんかいないだろう。

しかし、現実問題として、来る日も来る日も自分の求める人生を阻む存在（要介護状態の身内）が視界に入るたびに、少しずつネガティブな感情が湧き立って、やがては心のどこかで悲鳴を発するようになる。


そして、いつしかそれは憎悪に変わり、ついには狂気の鎌首をもたげはじめるのだ。

そして…、さして遠くない日。

その憎悪の対象のなかに自分の未来の姿を重ね合わせて見てしまった時、そこに在るのは老老地獄という名の地獄なのだ。

パート2

シニアよ、当てにするな

❖老後の問題が厄介な本当の理由

老老地獄。年老いた家族（親子・夫婦）間の凄惨で沈鬱な事件に共通する3つの要因がある。

それは、「医療高依存状態あるいは要介護状態の老親（配偶者）を」・「経済的にゆとりのない子ども（配偶者）が」・「自宅で」支えざるを得ない状況にあるということだ。

家族の絆ゆえ、はじめのうちこそ懸命に支えようとする子ども（配偶者）ではあるが、いつ終わるともわからない介護生活が続くうちに、「かわいそうに」という気持ちから「いつまで続くんだ」というネガティブな感情が膨らんでくる。

こうして、親子（夫婦）間の心理的距離が少しずつ少しずつ離れていく。そしてついには、制御できないほどの憎悪の炎がメラメラと燃えさかる。

残念なことだが、齢を重ねるにつれて、お金を最後の最期まで抱え込んでおこうとする人がいる。また、「生んで育ててやったんだから、子どもが親の面倒を見るのは当たり前」と言い放つ人もいる。

でもそれは「驕《おご》り」だと思う。考えてみれば、地球上の動物で、子どもに老後の面倒をかけるなんていうのは人間だけだ。

そもそも子どもを作ったのも親の勝手。勝手に産んだのは親のほうなのだから、むしろ親のほうにこそ子どもを育てる義務があるはずだ。

それなのに、お金の話だけは抜きにして介護だけちゃっかり頼もうというのは、どう考えても子どもがちょっと気の毒だ。

老親はいつまでもお金に執着せず、分け与えることになる資産について開陳した上で、エンディングに向けた支援を真摯に依頼すべきだ。

そうすれば肩の荷も下りるし、子どもたちにしても、自分を生み育ててくれた親を支える覚悟も決まるのだと思う。

早い話、「お金の話は抜きで、面倒だけ見ろっていうのか！」と、子ども（配偶者）

側がひそかにでも感じたときから危機が生まれ、限界に達したとき、家族全体を襲う最悪の事態となる可能性が高いのだ。

❖シニアよ、謙虚たれ

現代は長生きしなければならない時代だ。だからこそ、親子関係のあり方についても従来とは変化して然るべきだ。

著者が高齢者と話していて、老老地獄問題の根底には、老親の驕りと勘違いがあるように感じてならない。

実は、人生の最終段階にあって、「親子関係の悪化」に苦慮しているシニアが非常に多い。シニアが死を自分の問題として意識するようになったときに、彼らが懇願するのは、「いま一度、昔のようにわが子との良好な関係を取り戻したい」ということだ。逆にいうと現実は、歳を重ねるに連れ、親子関係が悪化してしまうケースがそれだけ多いということだ。

親子（身内）間トラブルの元凶は、突き詰めれば、多かれ少なかれお金の問題になる。親は老いて、尚お金に執着して手放さず、一方で介護など面倒を子に期待する。子どもにしてみれば、負担だけが上乗せされ身動きがとれなくなってしまう。「子が親の面倒をみるのは当然」などというのは過去の話だ。もはや時代が違うのだ。現代を生きる子どもたちは忙しいのだ、生活は厳しいのだ。

はっきり言おう。現在の老親世代が若かった頃、あの戦後経済の高度成長時代。兵隊から企業戦士に衣替えしたサラリーマンは、政官業の壮大なる癒着の恩恵を受けて、組織の歯車となった。

そして機械的に時間を過ごすことの対価として、誰であってもそれなりのお金を手にして蓄えることができた。そういう良い時代だったのだ。

誤解を恐れず言わせてもらえば、老親世代が特別に有能だったからではない。この点を勘違いしているシニアがあまりにも多いように感じる。

現代のこの国では、有能な人でさえ日々食べていくので精一杯だ。そんな過酷な毎日を生きている子どもたちに、金銭的な裏づけを示すこともなしに『親の面倒を子が見るのは当たり前』などと言っているから、老老地獄に落ちるのだ。

高齢者はもっと謙虚になる必要があるのではないか。娘さん・息子さんをわが子として授かったことの意味を、いま一度見つめ直してみる必要がありそうだ。

❖終活ブームのウソ

老老地獄を回避する術はないものだろうか。痛ましい事件の被害者になってしまった人たちは、異口同音にこう言うのだ。

「まさか、自分の親（配偶者）がこんなことになるとは思ってもみなかった」

でも、果たして本当にそうだろうか。

巷では、ここ数年、「終活」ブームが花盛りである。早い段階から、元気なうちから老い支度をしておこうという機運が高まっている。関連する本も溢れている。

低俗なワイドショーやバラエティ番組にだって取り上げられることの多い話題である。テレビのみならず、ラジオ、雑誌にしても、終活をテーマに掲げさえすれば、それなりの反響を得ることができるという。

あのB層の人たちがこぞって終活ブームに乗っかっているからだ。

問題意識の低い人たち、問題意識のない人たちだって、さすがにこうした話題を小耳にはさむ確率は高いはずだ。ならば、自分や家族にそんな事態が起こったとしてもおかしくはないと、漠然とでも意識した時があったのではないか。

しかし、老いの問題に対して問題意識の高い人たちにだって、老老地獄に墜ちてしまうリスクが潜んでいる。

彼らは積極的にその手の本を買う。テレビで紹介されれば、タイトルをメモ書きして本屋で注文する。ときに、地域の公民館で開催される啓発講座にも顔を出す。

少子化の影響で学生数不足で経営難の大学が、苦肉の策でオープンカレッジと称してシニアたちをけしかけるようになって久しいが、かなりの金額を払って通学するシニアも多い。

学ぼうとする姿勢は現役学生の比ではない。真剣そのものだ。講師の話に大きくうなずき、そしてわかった気になり、満足して、連れ立った友人・知人たちと帰りがけにお茶しておおいに会話を楽しんで、買い物をして帰路に着く。

その頃には、老いに備える意識も知識もかなり薄れてくる。翌朝になれば問題意識のかけらもない。そして、これではいけないとまた同じことを繰り返す。


だから、終活ブームを煽る側の人たちにとってはおいしい。ゴールがないビジネスはさらにおいしい。同じネタを何回でも使いまわして、コストをかけずに収益を上げることができるからだ。

「鴨にねぎ」のシニアに寄ってたかってくるのだ。


もちろん、家にこもらず外出して、自分の足で移動して、人と接して、楽しい時間を過ごすことには価値がある。老後の暮らしに潤いを与えてくれるという意味においては有効だろう。

しかし、こうしたことが本当の意味での「終活」になっているかというと、残念ながらちがうというのが著者の持論である。

❖老いて学ぶことの限界

「終活」の本質はちがうところにある。問題意識が高かろうが低かろうが、例え情報収集してせっせと勉強をしようが、いざという時には学んだことを活かせない。

つまりは、いざそのときに実践ができないのだ。

●ある日突然、親（配偶者）が、がんであることを告知された。
●ある日突然、親（配偶者）が倒れ、車いす状態になった。
●ある日突然、親（配偶者）の入院先病院から退院してくれと言われた。
●ある日突然、親（配偶者）の言動がおかしくなった。
●ある日突然、親（配偶者）を施設に入れなければならなくなった。

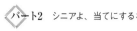

こうしたことは、元気な時にはなかなか考えないものだが、金持ちも貧乏人も、誰しもが必ず出くわすことだ。

いくらたくさん本を読んで準備した気になっているシニアであっても、いざその時になると、おそらく自分では何もできない。動揺して、何をどうすればいいのか判断がつかない。行動に移せない。

だれに何をどう伝えればいいのかがわからない。

そして、そんなとき、多くのシニアは子どもたちの携帯を鳴らしまくる。その頻度が高まるのと比例して、親子関係がおかしくなっていく。

その結果、子どもを頼れなくなって、焦って慌てて藁をもすがる思いでババを引く。だが、「専門家もどき」にダマされて、気づいた時には後の祭りということになる。

結局、日頃からあれやこれやと勉強している（つもり）シニアであっても、いざとなれば動揺して、理解していたはずの万一の場合の対処法が始動せず、何の役にも立たず、身動きできなくなってしまう確率が高いのだ。

というのも、老後の問題というのはどれもかなり複雑で専門性が高い。ＩＱの高い霞ヶ関の官僚たちが、Ｂ層には理解できないような難解な制度設計をしているためだ。永田町や霞ヶ関の住人たちに有利になるように、でもそれが一般大衆には見破られないように、といったほうがいいかもしれない。ましてや、それを勉強するシニアの側は記憶力が低下しているから記憶が定着しづらい。

だから、いざ何かが起きてしまったとき、せっかく学んだ知識や情報を活かせない可能性が高い。

これが、10年間にわたって、シニアを対象とする24時間対応の電話相談サービス、同じく老い支度に係る啓発講座をやってきた実感だ。

❖もう備えるな

誰がいくら注意しようとも、シニアを中心に振り込め詐欺の被害は後を絶たない。転ばぬ先の杖を求めて勉強していたはずの人たちも、こんなはずじゃなかったと嘆き悲しむことになる。

薔薇色だったはずの人生の最終段階で、不本意な日々を強いられることになるのだ。そうならないためにも、ここは発想を変える必要がある。

もうおわかりだろう。いくら自分を戒めても、いくら必死で勉強しても、結局は無理なのだ。時間の無駄なのだ。本書は、そんなどうしようもなく残念な人たちに贈る最後の救いの書かもしれない。

お釈迦様の蜘蛛の糸だ。

本書の目的は、一般大衆層のシニアたちが老老地獄を回避するための「最終手段」を紹介することにある。

いまや人生100年時代、先は長い。その長い長い時間を、主体性を持って、意思を持って、主役のまま生きるのか。

他者の人生のなかの「悪玉」として生きるのか。いまこのときが分水嶺だ。老老地獄を回避できるかどうか。最後まで自律した人生を送ることができるかどうか。

本書がその浮沈を握っている。どうか心の眼で読んで魂で理解してほしい。

本書を読み終えたとき、あなたは思うことだろう。

「もう老後に備えるために学ばなくてもいいんだ！」

「老老地獄のリスクを限りなくゼロにする方法があったんだ！」

「取るべき唯一無二のアクションはこれだ！」

まさにそのとおり。これまで、漠然と不安にさいなまれながらも何ひとつ具体的なアクションをとらぬまま今日まで来てしまった人たちであっても、起死回生の老老地獄回避策を手にすることができるのだ。

本書を通じ、何かの縁でめぐりあった私たちだ。そんな読者のみなさんのお役にたてることが本当にうれしい。

❖真の終活とは

資本主義国家であるニッポンでは、受験や就職と同様、老後も戦争だと書いた。受験で勝つためには進学塾や家庭教師が不可欠だ。就職戦線を優位に戦うにはコネとメンターが必要だった。

それでは、円滑な老後を確保するためには何が必要なのだろうか。

はっきり言おう。自分のことは自分で何とかしなければダメなのだ。超高齢社会は自衛社会である。哀しいかな、もはや国や子どもには期待できない。子に媚びず気を遣わず、誰に負い目も引け目もない。

つまり、自分の人生を自分が主人公のまま全うする。そんなクールな老後を手にするための唯一無二の自衛策についてこれから紹介していく。

世間で言われてきた終活のやり方は正直まどろっこしい。

老いの問題に対して備えるということは学習することではない。そんなことよりも、本当の意味での終活とは、自分の老後の伴走者を確保することだ。

エンディングを迎えるまでに直面するであろう老後のさまざまな課題について、いつでもなんでも気軽に相談できて、ときに代行までしてくれる「パートナー」を見つけて専属契約しておくことに他ならない。

ズバリ、これが結論だ。やたらとコスト（時間とお金）をかけて、霞が関の官僚たちが意図的に、複雑怪奇に設計した社会保障制度を勉強しても実際の役には立たない。この事実を知らないと本当に骨折り損のくたびれ儲けになる。

これが「知らなきゃ損する」真実。

❖シニアの相談トップ10

ＮＰＯ二十四の瞳（正式名称：市民のための医療と福祉の情報公開を推進する会）では、シニア世帯等を対象に、年中無休（24時間３６５日）対応の会員制困りごと相談を行っている。

２０１５年1月から12月までに寄せられた相談案件の集計結果をご紹介しよう（図1）。相談件数は４４７件。これまで同様、そのうち９割以上が医療・福祉・お金・葬儀といったテーマに集中している。

①条件に見合う老親の終の棲家（シニア施設&住宅）を探したい（１３８件）
②エンディングに向けてのプランを作成したい（74件）
③認知症の症状が出た老親との接し方や治療法について知りたい（69件）
④資産分割の考え方や方法論について知りたい（39件）
⑤予算内ですべてを賄える葬儀社を探したい（38件）

⑥セカンドオピニオン外来を紹介してほしい（27件）
⑦医療や介護の負担軽減策について知りたい（27件）
⑧カルテや検査データの入手方法について知りたい（17件）
⑨親子関係、夫婦関係の改善方法について教えてほしい（13件）
⑩リビングウィル（終末期の延命措置拒否等）について知りたい（5件）

ここ数年の傾向は、終《つい》の棲家をはじめとする老い支度に係る相談が上位を占めることが特徴だ。かつては、医療機関や医療者との折衝に係る相談が上位に来ていたのだが、２０１２年度からは、完全に逆転した。

ただし、納得できないことがあっても、医師や病医院とうまく折衝できない・しづらいという状況はあいかわらず頻出しており、提供者側（とくに医師）には、患者に寄り添うような姿勢が望まれる。

また、例年通り、医療・介護・葬儀サービスが家計に占める負担が増加傾向にあることを窺わせる結果となっている。

ちなみに、過去10年の集計結果は表のとおり。

（図1）

NPO二十四の瞳に寄せられる相談には、どんなものが多いのか

～シニア世帯が抱える悩みトップテン～

（2006年～ 2015年）

【電話受付件数】

順位	2006	件数	2007	件数	2008	件数	2009	件数	2010	件数
1	病医院との折衝方法	29	カルテ等の入手	36	病医院との折衝方法	42	医療関連の情報収集	51	カルテ等の入手	82
2	介護施設等の情報収集	19	医師関連の情報収集	31	カルテ等の入手	31	カルテ等の入手	38	治療効果への疑念	47
3	カルテ等の入手	18	病医院との折衝	30	介護施設等の情報収集	28	介護施設等の情報収集	35	薬の処方	45
4	医師関連の情報収集	13	介護施設等の情報収集	22	医療関連の情報収集	24	病医院との折衝方法	34	医療関連の情報収集	38
5	医療費明細の解釈	12	生活費の工面	20	食事関連の情報収集	16	ケアマネとの折衝方法	21	突然の退院勧告	23
6	在宅医療の情報収集	11	薬の服用	14	ケアマネとの折衝方法	15	検診結果の解説	19	介護施設等の情報収集	22
7	薬の服用	11	在宅医療の情報収集	13	葬儀社の情報収集	14	がん関連の情報収集	17	葬儀社の情報収集	19
8	介護保険の申請手続	10	葬儀社の情報収集	11	がん関連の情報収支	13	医療費明細の解釈	16	医療介護費用の負担軽減	17
9	がん関連の情報収支	9	介護保険の申請手続	10	生活費の工面	12	在宅医療の情報収集	14	介護事業者との折衝方法	16
10	医療用語の解説	6	相続関連の情報収集	5	薬の服用	12	生活費の工面	13	認知症の予防	8

【オンサイト対応件数】

順位	2006	件数	2007	件数	2008	件数	2009	件数	2010	件数
1	カルテ等の入手	13	カルテ等の入手	14	カルテ等の入手	24	医師の紹介	25	カルテ等の入手	38
2	医師の紹介	12	介護保険の申請	10	転院先の確保	16	カルテ等の入手	24	セカンドオピニオン	20
3	転院先の確保	11	転院先の確保	8	医師の紹介	15	転院先の確保	18	限度額認定の手続	16
4	介護施設の紹介	10	介護施設の紹介	6	介護施設の紹介	15	介護施設等への同行	16	介護事業者との折衝	10
5	障害者認定の手続	6	生活保護の手続	5	生活保護の手続	9	限度額認定の手続	15	葬儀社の紹介	9
6	介護施設の紹介	5	クーリングオフの手続	3	障害者認定の手続	7	食事等の健康指導	13	介護施設等への同行	8
7	高額医療費払い戻し	5	離婚関連の手続	3	高額医療費払い戻し	6	葬儀社の紹介	10	転院先の確保	8
8	限度額認定の手続	4	障害者認定の手続	3	葬儀社の紹介	6	医療事故関連の調査	5	相続関連の支援	8
9	葬儀社の紹介	3	限度額認定の手続	3	限度額認定の手続	5	クーリングオフの手続	4	食事等の健康指導	7
10	クーリングオフの手続	3	遺言状の作成支援	1	クーリングオフの手続	3	食事等の健康指導	3	医療事故関連の調査	5

【電話受付件数】

順位	2011	件数	2012	件数	2013	件数	2014	件数	2015	件数
1	医療介護費用の負担軽減	58	介護施設等の情報収集	36	介護施設等の情報収集	112	介護施設等の情報収集	132	介護施設等の情報収集	138
2	介護施設等の情報収集	42	医療介護費用の負担軽減	34	在宅介護等の対処法	87	老後の生活設計	97	老後の生活設計	74
3	介護事業者との折衝方法	35	治療効果への疑念	33	治療効果への疑念	30	医療関連の情報収集	45	認知症関連の情報収集	69
4	在宅介護等の対処法	28	カルテ等の入手	23	医療介護費用の負担軽減	28	葬儀社の情報収集	40	相続関連の情報収集	39
5	カルテ等の入手	27	葬儀社の情報収集	22	葬儀社の情報収集	27	医療介護費用の負担軽減	25	葬儀社の情報収集	38
6	薬の処方	20	介護事業者との折衝方法	21	カルテ等の入手	26	薬の処方	17	セカンドオピニオン	27
7	突然の退院勧告	17	薬の処方	20	相続関連の情報収集	22	カルテ等の入手	16	医療介護費用の負担軽減	27
8	葬儀社の情報収集	14	相続関連の情報収集	17	老後の生活設計	22	認知症予防の情報収集	14	カルテ等の入手	17
9	治療効果への疑念	13	がん関連の情報収集	11	薬の処方	20	相続関連の情報収集	13	家族関係の修復	13
10	相続関連の情報収集	13	突然の退院勧告	8	がん関連の情報収集	9	突然の退院勧告	7	リビングウィル	5

【オンサイト対応件数】

順位	2011	件数	2012	件数	2013	件数	2014	件数	2015	件数
1	限度額認定の手続	18	介護施設等への同行	18	介護施設等への同行	27	老い支度の個別相談	35	介護施設等への同行	48
2	カルテ等の入手	15	限度額認定の手続	17	老い支度の個別相談	18	介護施設等への同行	34	老い支度の個別相談	38
3	介護事業者との折衝	15	老い支度の個別相談	17	カルテ等の入手	18	葬儀社の紹介	21	葬儀社の紹介	28
4	介護施設等への同行	13	カルテ等の入手	17	限度額認定の手続	16	出張イベントの開催	14	限度額認定の手続	27
5	セカンドオピニオン	13	セカンドオピニオン	15	介護事業者との折衝	15	限度額認定の手続	13	出張イベントの開催	25
6	相続関連手続きのガイド	12	相続関連手続きのガイド	15	相続関連手続きのガイド	15	カルテ等の入手	12	認知症カウンセリング	21
7	転院先の確保	11	介護事業者との折衝	13	セカンドオピニオン	13	セカンドオピニオン	12	医療機関への同行立会い	14
8	訪問診療医の紹介	10	葬儀社の紹介	12	転院先の確保	10	資産分割の個別相談	11	セカンドオピニオン	12
9	葬儀社の紹介	10	転院先の確保	7	葬儀社の紹介	10	健康維持に係る個別相談	10	家族問題カウンセリング	12
10	親子関係の修復仲介	9	医療事故関連の調査	4	土地の有効活用相談	9	転院先の確保	6	カルテ等の入手	10

＊オンサイト対応とは、電話での相談後に相談者のもと（または、病医院・介護施設等）へ出向いて行った個別対応のことを指します。

❖円滑な老後を阻む4つのC

10年間で5千件超の相談を受けてみてわかったのは、シニアの悩みというのは大体が似たり寄ったりで、99％が、医療・福祉・お金・葬儀に関連するものだということだ。私どもではこれを4つのCと称している。

4つのCとは、

Cure……………医療との接し方の問題
Care……………介護と終の棲家の問題
Cash……………エンディングに向けたお金の問題
Ceremony…葬儀の問題

4つのCに共通するのは、誰しもが通る道でありながら、あまり積極的には考えたくないテーマだという点だ。そうして先送りした結果、いざその時になって右往左往してしまい、後になって「こんなはずじゃなかった」と後悔することになる。

本来ならば、子ども世帯が近くにいて、その都度、速やかに処理できることが理想だろう。しかしながら実際は、仕事や家庭を抱えながら老親のＳＯＳに対応することは困難だ。だから、私どもでは、単に電話でガイドするにとどまらず、時に相談者（お子さん・本人）に代わって、病医院（医者）や介護事業者、自治体や葬儀社等と折衝を重ねている。

４つのＣに代表される老後の課題については、基本的には、元気なうちから自分の立場や方針を決めて備えておくことが望ましい。

しかし、いくら元気であっても65歳を過ぎた人がこれを勉強しておいて、いざという時に活かせるかどうかとなると、ちょっと難しいと思う。

私どもの啓発講座で学んだことの成果を試そうとするシニアもいるにはいるのだが、９割の確率で結局はＳＯＳを投げてくる。

つまり、机上で学んだ知識を、まさにその時に、速やかに実行に移せるのは、せめて50代までかな…というのが実感なのだ。

シニアの悩みの本質

「困った！」「どうしよう！」。シニア世帯の毎日はこうしたことの連続だ。相談の電話をしてくる人のなかには、まるで波のように次から次へと押し寄せるさまざまな不安に夜も眠れないという人もかなりいる。

大体心配事というのは休日や夜間に思い立つものだ。子どもと離れて暮らしているシニア世帯では、暮らしの中で困りごとが生じてもついつい我慢してしまい、結果的に大きな問題になってしまうことが多々ある。

いざという時に、まず、どこに連絡すればいいのか、だれに相談すればいいのかがわからない。どのように説明すればいいのかがわからない。そこで、多くのシニアたちが真っ先にすがるのが子どもたちということになる。

だが、子どもたちだって何かと忙しいのはわかっているから、毎回毎回電話するのも気が引ける。

そこで、意を決して自治体の窓口相談に出向いてみても、小難しい説明をされたり、あちこちたらい回しにされたりで、正直、疲れるし面倒くさい。

役所の窓口は縦割りだから、あちらこちらの窓口を巡回して、何度も同じ説明を繰り返し聞かなければならない。だから相談しづらい…。

そんな愚痴をこぼすシニアは実に多い。

で、どうなるかと言えば、「まぁいい。いますぐにどうってこともないだろう。もう少し我慢しよう」。こんな姿勢が取り返しのつかない結果を招くということもまた事実なのだ。

シニアからの相談を受け続けてみて次第にわかってきたこと。それは、不安や心配

（図2）

はたして理想の相談窓口とは？

【公共サービス】		【例えば二十四の瞳なら】
平日の開庁時間のみ 夜間・休日は休み	受付時間	思い立ったらいつでも ２４時間３６５日
公務員または 地域の見識者	対応者	社会福祉士 （同じ目線）
相談者が案件毎に 個別折衝	利便性	窓口の一本化
担当者の善意や個人 的な人間関係に依存	連携網	案件毎に適切な 専門家に橋渡し
なし 時には高額な相談料	契約関係	あり 入会金　10,000円 年会費　12,000円

悩めるシニアを救うためのキーワード
それは、「いつでも・なんでも・気軽に」だ

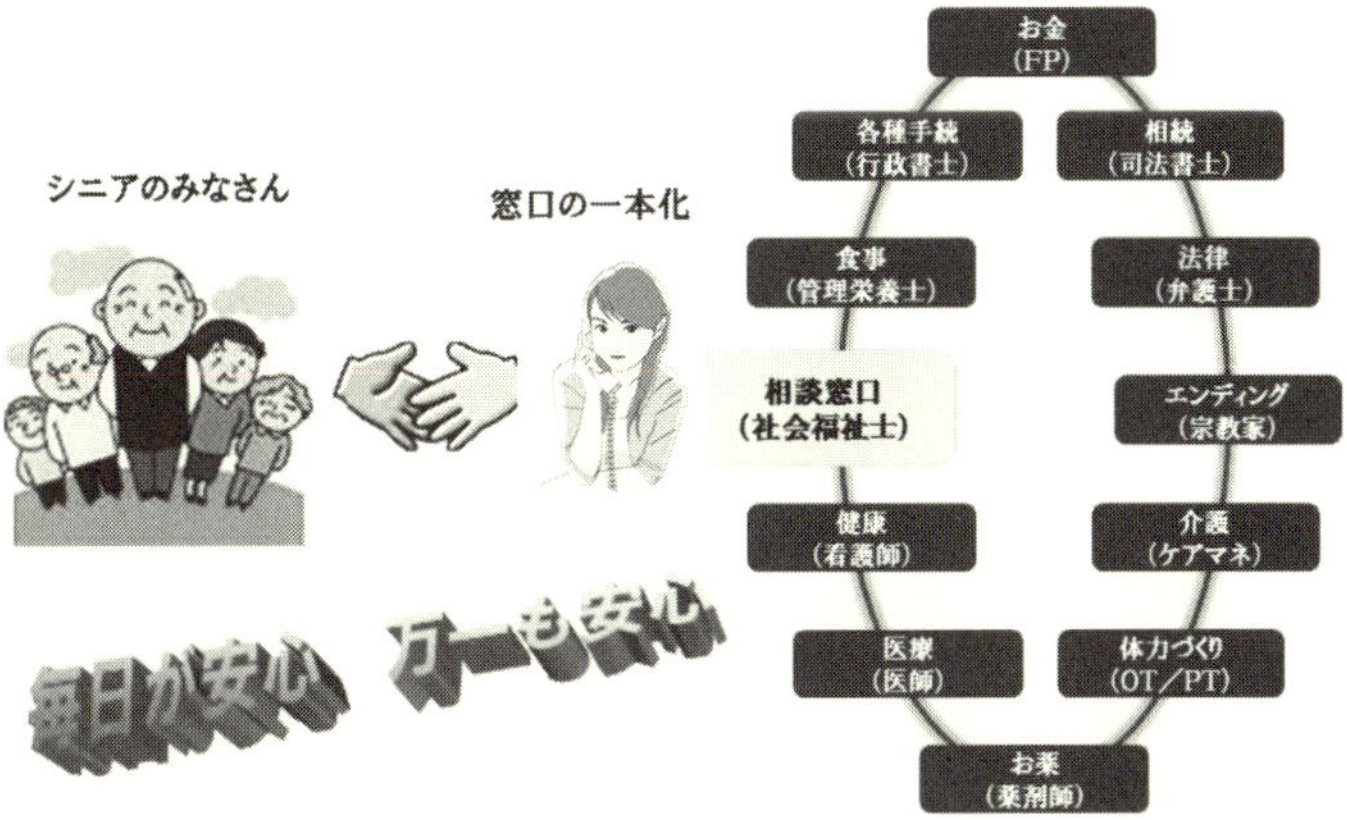

そのものを即、解決してさしあげることが重要なのではないということだ。

シニアが求めているのは、思い立った時にすぐに話を聴いてもらいたいということ。そして、その次に、できればいろいろな話を一か所で済ませられないものか…ということなだ。


言うなれば、「いつでも・なんでも」相談できる相手が存在すれば、悩みそのものが解決しなかったとしても、シニアの不安の7割程度は解消できるのではないか。

そんな仮説を立てて、〈NPO二十四の瞳〉では、年中無休（24時間365日）体制で電話相談を受けてきた。

また、多岐にわたる相談に対して、最初の段階で解決の糸口や方向性を提示できるよう、地域に密着した情報や医療福祉分野に詳しい社会福祉士という国家資格者を確保して窓口を一本化した。10年やってみて、仮説は正しかったと思っている。

シニアの不安解消においてもっとも重要なふたつの要件は、「いつでも・なんでも」なのだ。

❖めざせ、クールな老後

やはり、シニア自身がしゃかりきになって学ぼうとしても、吸収した知識や情報を実践で使うことには無理がある。ただし、認知症予防や仲間と顔合わせすることを目的にせっせと勉強会に出かけることを否定はしない。

しかし、本気で老老地獄を回避しようとするのであれば、50歳の大台に乗ったらすぐに、専属のプロを確保すべきと考える。

忙しい子どもたちに代わって、「いつでもなんでも」気軽に相談できる専門家。そんな「老い先案内人」とも言うべき人間や組織と効果的な関係が作れたとしたら、老老地獄に陥るリスクは大きく減らせるはずだ。

これこそ、国にも子どもにも頼らない、自立した老後のあり方ではないだろうか。

次の章では、そんなクールな老後を実現する方法について紹介していこう。

パート3

シニアよ、自律せよ

❖人生100年時代の老後戦略

老老地獄に陥らないためには戦略が必要だ。それも若くて元気なうちからだ。具体的には50歳くらい、第一子が成人するタイミングが妥当だと思う。

ひとことで言うと、子どもが一人前になった時点から、親子の主従関係を漸次逆転していくべし、ということだ。老後のサポートを託すことと引き換えに、生前から親の資産を子に継承していくのだ。

親が心身ともに自立できているうちに、子どもに与えるお金と委託する役割について明確にしてくれれば、子ども側にも親への感謝と覚悟が芽生えるものなのだと思う。目の黒いうちに資産継承するのが親の使命。これが私どもの持論である。

長年、シニアからのさまざまな相談を受けているとある共通点に気付く。親がいつまでも資産状況や遺産分割の方向性を示さないでいる、示さぬままに心身がボケてしまう、ということだ。

そのために、地獄のような痛ましい事件（介護虐待、介護心中、介護殺人、相続争い、相続殺人……）が起きてしまうような気がしてならないのだ。

生前の資産継承は、結果的に親子間の信頼と絆を強めるものだと思う。多くのシニアが望む良好な親子関係を維持するための唯一の方法と言えるかもしれない。

これによって、子に媚びず気を遣わず、誰に負い目も引け目もない。そんな自立した、「クールな老後」を実現できる可能性が高い。

悲しいかな現実は、もはや国も子どもも当てにはできない時代である。経済的裏づけなしに子どもに面倒をみてもらうことなど甘い夢だ。砂上の城にすぎない。

そんな当たり前のことを再認識する必要があるのではないだろうか。

❖確保したい老い先案内人

老いの課題というのは、ほぼすべてのシニアに共通するものだ。具体的には先に述べた「４つのＣ」を中心に枝葉を伸ばしていけばいい。

サポートする体制としては、「いつでも・なんでも」が必須条件となる。いつ何どきであっても、いかなる相談であっても、きちんと話を聴いて、不安解消のための解決策をガイドする。

そんな窓口を確保できたとすれば、そんなにしゃかりきになって情報武装する手間も省けるというものだ。

さて、本気で老老地獄を回避しようとするのであれば、50歳の大台に乗ったらすぐに、あなた専属の相談相手の確保に動くべきだと思う。

受験や就職と同じように、いまや老後も戦争である。良いパートナーを確保しようとすれば、当然そこには他のシニアとの争奪戦が繰り広げられるからだ。

エンディングを迎えるまでにクリアしなければならない諸問題に精通した専門家。そんなプロと元気なうちから仲良くなっておいて、年に一度、老い支度のプランを作る手伝いをしてもらう。

何か事が起きたときには、電話一本で、あらかじめ作成したプランに沿ってあなたの意思を具現化してもらえる…。そんなイメージである。

言わば「老い先コンシェルジュ」とも言うべき人間を見つけ出し、懇意な関係を築けたとすれば、老老地獄に陥るリスクは大きく減らせるにちがいない。

忙しい子どもたちに代わって、いつでもなんでも気軽に相談できる老後の伴走者は、果たしていったいどこにいるのだろうか。

ニューヨークに長く暮らす友人の話では、米国の富裕層シニア世帯には5人の専属顧問がいるらしい。

お金のプロであるフィナンシャルプランナー。社会関係性を問題なく維持するための弁護士。健康を維持するための医者。精神的拠り所となる牧師または神父。そして最後が、日常的な困りごとに対処してくれるソーシャルワーカーである。

日本では、医療や介護が必要になると、主に医者が多くの専門職で構成されるチームを先導するケースがほとんどだ。

だが、患者や利用者の生活場所からいちばん離れた場所に居る医者が指揮を執るわけだから、当然ギクシャクしたことが頻発して、現場の介護専門職は頭を抱えることになる。

要は、医者が介護の邪魔をするわけだ。

当然のことだが、医者がいちばんたくさんのお金をつかみ、現場に近づけば近づくほどに賃金は下がる。ホームヘルパーがその最下層になる。

彼らは夫婦ふたりで必死に働けど働けど、毎日を無難に生き延びていくだけで精一杯な状況だ。認知度低い、賃金低い、離職率高い…。これが介護現場の実情だ。

これに対して、欧米ではチームの主導権をソーシャルワーカーが握っている。もちろん、経済的にも完全に自立している。

ソーシャルワーカーが患者や利用者の総合窓口であり、必要に応じて、彼らから医者や看護師等の専門職に作業を要請するという構図である。

他にも、薬剤師、管理栄養士、理学療法士、作業療法士、ホームヘルパー。さらには、患者や利用者の生活に必要となる製品・サービスを提供する企業群までネットワークを張り巡らせて、生活の質を高める役割を果たしているのである。

❖安心老後のパートナーは誰？

それでは、欧米のソーシャルワーカーに相当するプロが日本にいるだろうか。真っ先に思いつくのがケアマネジャーだと思う。正式名称は介護支援専門員。

２０００年の介護保険スタートと同時に誕生した専門資格で、要介護者のためにどんなサービスをどれくらい提供するのが望ましいかをプランし提案し調達するのが仕事である。

だが、ケアマネジャーは要介護者しかサービス対象としていないので、例えばまだ50代で元気な人が相談したいと思っても相手にはしてもらえない。

ちなみに、地域のシニア一般の相談を担う地域包括支援センターという相談窓口が中学校区にひとつあるが、機会があったら一度たずねてみるといい。しかし正直なところ、要員不足・知識不足で頼りにならない。

また、地域の社会福祉協議会が休日に公民館等で開催している福祉相談会というのもあるが、期待すると空しいだけかもしれない。

他にも、懇意にしている医者（かかりつけ医）がいれば、諸々の相談に乗ってくれるかもしれない。しかし、結局は生活習慣病の症状に対して薬を処方するのが医者の役目だ。

その症状を引き起こした原因を見つけてくれることはないし、生活習慣病を未然に防ぐための方法について教えてくれることもない。
ましてや、からだの問題以外について耳を傾けてくれるかというと、これはもう考えるまでもないだろう。

信託銀行では積極的に資産管理や相続・遺言サービスを扱っているが、実態は富裕層向けのサービスであり、一般大衆層が何でも相談していいかとなると、答えはＮＯである。

どうしても慇懃無礼《いんぎんぶれい》なところがあって、富裕層でないとそうそう親身になってはもらえないと考えたほうがいい。

外資系保険会社のフィナンシャルプランナーも同様だ。
弁護士はとにかく高い。司法書士という選択肢もあるが、やはり法律分野で一番リーズナブルなのは行政書士だ。フットワークも軽いし人当たりもいい。

なお、生命保険会社は契約者向けサービスとして、無償で24時間３６５日対応の電話相談を行っているが、残念ながら、総花的かつ表層的な回答が関の山だ。

当然、地域に密着した情報は手に入らない。

❖そうだ、社会福祉士がいた！

結局、元気なうちから、いつでも、なんでも、気軽に相談できるプロは日本にはいないのだろうか。いや、あきらめるのはまだ早い。欧米のソーシャルワーカー同様に、日本にも、高齢者援助の専門技術を有する国家資格者がいるのだ。

それが「社会福祉士」である。わが国ではまだ認知度は低いものの、使いようによっては価値が高い。

社会福祉士をご存知ない人のために、その定義を付記しておく。

社会福祉士とは「専門的知識及び技術をもって、身体上もしくは精神上の障害があること、または環境上の理由により日常生活を営むのに支障がある者の福祉に関する相談に応じ、助言、指導その他の援助を行うことを業とする国家資格取得者」（社会福祉士及び介護福祉士法）である。

ここで注目すべきは、「日常的な困りごとや老い支度に係る相談窓口として社会福祉士を確保する」こと、この意味は大きい。

福祉の専門資格ではあるが、社会福祉士になるためには、福祉全般はもとより、医学や法律についてもかなり勉強しなければ国家試験に受からない。

つまり、広く浅く何についてもある程度は対応できるのが社会福祉士の強みなのだ。

その守備範囲は実に広い（図3）。これを利用しない手はない。もし仮に、具体的な用件で医者や弁護士が必要になった場合には、社会福祉士を通じて紹介してもらえばいい。

そういった人脈も彼らの武器だ。老後のあらゆる問題に対処し得るだけの知識と技術を兼ね備えているということだ。

問題は、社会福祉士を見つけるのが思いの外むずかしいということだ。社会福祉士

(図3)

社会福祉士の役割【その１】：相談者個々のニーズ・ウォンツの受容と共有

社会福祉士は高齢者援助を有する国家資格です。相談者に身内のように寄り添い、自立期からエンディングに至るまで、円滑な老後をシームレスにご支援します。

具体的な支援項目	健常期	発症期	療養期	終末期
初回の詳細面談（基本情報の共有）	○	○	○	○
日常的安否確認と生活相談	○	○	○	○
マンスリー面談とご家族へのフィードバック	○	○	○	○
限度額認定や世帯分離等の手続きの代行	○			
管理栄養士による食事指導の実施	○	○	○	○
歯科医（訪問歯科含む）による口腔ケアの確保	○	○	○	○
認知症予防のための各種講座の開催	○	○	○	
季節の風物詩イベント等お楽しみ企画の開催	○	○	○	
医療・福祉・健康維持・葬儀等、各種啓発講座の開催	○	○	○	
資産管理・相続・生前遺言等、お金に係る相談会	○	○	○	
エンディングやリビングウィルに係る相談会	○	○	○	
かかりつけ医の確保（訪問診療含む）		○	○	
介護保険サービス利用の申請手続き			○	
医師・看護師・ケアマネとの各種折衝		○	○	○
通院時・入退院時・救急時の付添いや同行		○	○	○
葬儀の段取りと立会い				○

＊上記以外にも、入居者固有のご要望に対しては、可能な限り対応させていただきます。

社会福祉士の役割【その２】：相談者のニーズ・ウォンツを満たすサービスの確保

社会福祉士は、地域の社会資源とのネットワークを構築・強化しながら、相談者の暮らしを円滑にするために必要な各種サービスを調達・編集してお届けします。

具体的な活動項目
行政（高齢者関連の諸窓口）への情報デリバリー
病医院・老健・歯科・調剤薬局との関係づくり
管理栄養士会・社会福祉士会との関係づくり
弁護士事務所や金融機関・郵便局との関係づくり
社会福祉協議会や地域包括支援拠点との関係づくり
介護系事業者との関係づくり
寺社・教会・葬儀社との関係づくり
老人クラブ連合事務局および各クラブとの関係づくり
公民館長・民生委員との関係づくり
医師会・保健所との関係づくり
地元商店街や商工会議所との関係づくり
ロータリー、ライオンズクラブ等への情報デリバリー
配食・惣菜屋・小売店・美容理容店への情報デリバリー
タクシー会社・宅配業者への情報デリバリー
奉仕団体や幼稚園・保育園・小学校との関係づくり

社会福祉士ならすべて対応させていただきます！

人は少しずつ少しずつ最期の瞬間に向かって時を過ごしています。老後に直面する問題というのは大体が予測のつくものですが、忙しい日々の中で「あらかじめ備えておく」ということはむずかしいものです。だからこそ、いつでも何でも気軽に相談できる専門家を確保しておくことをお奨めします。そのために、私たち社会福祉士がいるのです。

は、英語ではCertified Social Workerとなるのだが、欧米のようには稼げない。

誤解を恐れずに言えば、日本という国の医療現場では、医者と、その医者に気に入られた看護師でないとなかなか暮らしぶりはよくならないのだ。

それに比して、介護職では全業界全業種平均の6割しか賃金をもらっていない。だから、せっかく資格を取得してもそれを使うことなく、一般企業でOLをやっているという人も少なくない。


それくらい認知度も賃金も低いのだ。社会福祉士たちも大差はなく、大体が施設とか病院とかに勤め、ひっそりと生息している。

あと、ごくごく一部の社会福祉士は、自治体や社会福祉協議会に勤務している。

だから読者のみなさんが地域の社会福祉士を探そうと思ったら、まずは電話帳で「社会福祉士事務所」を探すこと。

見当たらなければ、病医院や、自治体の介護保険課や高齢福祉課、社会福祉協議会に出向いて、「こちらに社会福祉士さんはいらっしゃいませんか?」と訊いてみるしかない。

でも、ひとたび見つけてしまえば、社会福祉士本来のミッションからして、むげに追い返されることはないので遠慮なく相談してみてほしい。

社会福祉士は、超高齢社会の救世主となるポテンシャルを秘めている。是非とも、お住まいの地域で探してみていただきたい。

このチャネルを作っておいて損はない。

なお、看護や福祉の専門資格を持っていながら、何かしらの事情でその分野で仕事に就いていない潜在的人材がかなりいる。

必ずしも社会福祉士でなくても、トレーニングさえすれば、ソーシャルワークとコンシェルジュの両機能を備えた人材を育成することも可能であろう。

看護師、ケアマネジャー、生活支援コーディネーター、生活相談員、この人たちには、「老い先コンシェルジュ」になれる可能性がある。

そこまで裾野が広がれば、日本が抱えている空前絶後の超高齢社会リスクもかなり解消できると思っている。

❖真の社会福祉士の見極め方

ところで、自治体など既存の窓口というのは、相談ひとつひとつに対して「できる・できない」とか「どうしてできないのか」とかいった視点で答えを返してくる傾向が強い。

だがシニアにとって重要なのは、「どうすればできるか」という視点である。自分の大切な親に何かがあれば、たとえ素人であっても子どもは必至で奔走するはずだ。どうにかして、親の抱える問題を解決しようという努力を惜しまないはずだ。

自分が老後のパートナーを探す際にも同じ視点が必要だ。社会福祉士なら誰でもいいということではない。それは医者だって弁護士だって同じことだ。

まずはパートナーたる自分のために善かれと思って真摯に動いてくれること。国家資格者である前に、ひとりの人間として魅力的であることだ。

本当の意味で役に立つ老後のパートナーには、知識や技術の他に、「意識（マインド）」が求められるのだ。

心配することはない。人生経験豊かな読者のみなさんであれば、相手とものの３分も向き合えば、その人となりを見抜けるはずだ。もしかしたら、あなたが第一声をかけたときの相手の反応（表情やしぐさ）だけでも十分かもしれない。

いずれにせよ、自分の老後のパートナーとして波長が合いそうかどうか、これがもっとも重要な判断基準だと考えている。

技術的なことについて言えば、社会福祉士であればシニア援助の専門技術や知識やネットワークは当然、備えているものだ。それらを惜しみなく、柔軟に駆使してくれるかどうかだが、これはサービスマインドと場数の問題である。

何かひとつ具体的な質問を投げかけてみればわかることだ。

❖社会福祉士のポテンシャル

2016年4月現在、国家資格・社会福祉士はざっと19万人いる。稼働率を半分程度としても10万人だ。仮にひとりの社会福祉士が100人のシニアの老後のパートナーとなれば、1千万人のシニアが老老地獄のリスクを回避できることになる。

社会福祉士ひとり当たり100人という数字は非現実的な話では決してない。なぜなら、その100人がみんな自立した健常者だから。

100人が一斉に重大な局面に陥る確率は低い。生命保険会社が想定している契約者死亡率の設定と同じ考え方でいけるはずだ。

現時点で医療依存度が高かったり、要介護状態だったりするシニアには、すでにケアマネジャーがついている確率が高い。日本のシニア3500万人のうち、現場復帰困難な重篤患者と要介護者を併せればざっと1000万人になる。

そうすると、元気なシニアは２５００万人となり、そのうち１０００万人が社会福祉士を専属顧問として確保することができる計算になる。

あくまでも机上論だが…。

つまり、確率四分の一だ。受験戦争、就職戦争の競争倍率を考えても、まあ妥当な線だろう。早いうちから積極的に社会福祉士を見つけて、これはと見極めた社会福祉士と関係を構築して顧問契約を結ぶことを考える。

25％の確率で老後戦争を勝ち抜き、老老地獄を回避できると考えればいい。

当初は元気で自立していたシニアも、年齢とともに時系列的に心身の機能が落ちてくる。通常は、どこかのタイミングで何かしらの症状を発症し、急性期と称される医療措置を要する時期を経て、慢性期（療養期）、終末期を経てエンディングを迎えるわけだ（図４）。

（図4）

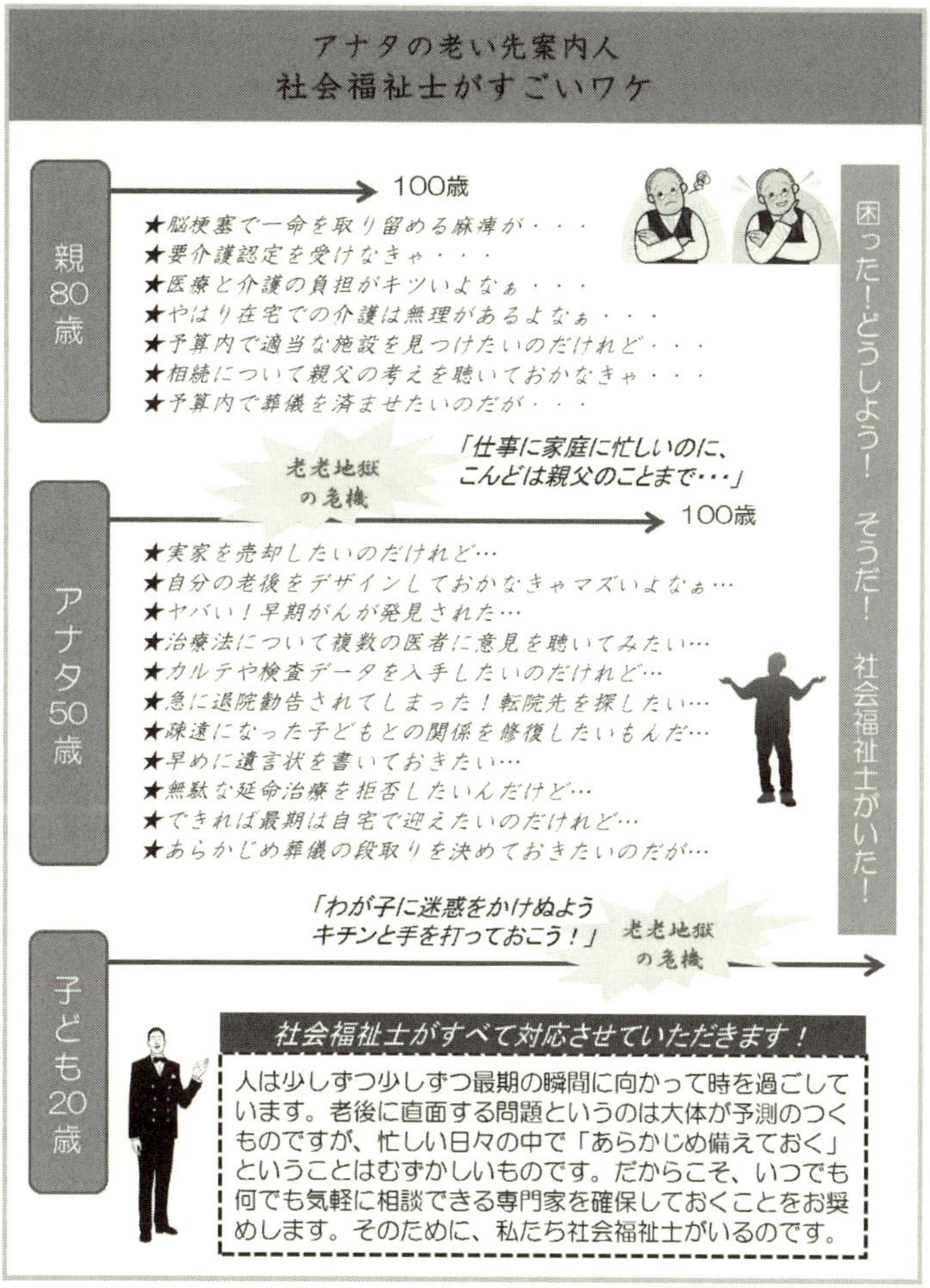
アナタの老い先案内人
社会福祉士がすごいワケ
親80歳
100歳
★脳梗塞で一命を取り留める麻痺が・・・
★要介護認定を受けなきゃ・・・
★医療と介護の負担がキツいよなぁ・・・
★やはり在宅での介護は無理があるよなぁ・・・
★予算内で適当な施設を見つけたいのだけれど・・・
★相続について親父の考えを聴いておかなきゃ・・・
★予算内で葬儀を済ませたいのだが・・・
「仕事に家庭に忙しいのに、
こんどは親父のことまで・・・」
老老地獄の危機
アナタ50歳
100歳
★実家を売却したいのだけれど…
★自分の老後をデザインしておかなきゃマズいよなぁ…
★ヤバい！早期がんが発見された…
★治療法について複数の医者に意見を聴いてみたい…
★カルテや検査データを入手したいのだけれど…
★急に退院勧告されてしまった！転院先を探したい…
★疎遠になった子どもとの関係を修復したいもんだ…
★早めに遺言状を書いておきたい…
★無駄な延命治療を拒否したいんだけど…
★できれば最期は自宅で迎えたいのだけれど…
★あらかじめ葬儀の段取りを決めておきたいのだが…
困った！どうしよう！　そうだ！　社会福祉士がいた！
「わが子に迷惑をかけぬよう
キチンと手を打っておこう！」
老老地獄の危機
子ども20歳
社会福祉士がすべて対応させていただきます！
人は少しずつ少しずつ最期の瞬間に向かって時を過ごしています。老後に直面する問題というのは大体が予測のつくものですが、忙しい日々の中で「あらかじめ備えておく」ということはむずかしいものです。だからこそ、いつでも何でも気軽に相談できる専門家を確保しておくことをお奨めします。そのために、私たち社会福祉士がいるのです。

100人の老後をサポートするといっても、100人が同時に機能低下していくわけではないから、作業自体が集中することはない。何よりも、あるクライアントの時系列的な心身機能の推移に対応して必要な手続きやサービスを調達するという、社会福祉士本来の仕事（ソーシャルワーク）からすれば、老後を50年のスパンで見たときの社会福祉士のポテンシャルは捨てがたいはずだ。

なかでもいちばん望ましいのは、独立型の社会福祉士だ。どこの組織にも属していないため、自由な発想で柔軟に動いてもらえるからだ。病院や施設などに勤務している社会福祉士は、組織の歯車として創造的な活躍を期待できないことが多い。

しかし、就業時間外や休日はフリーのはずだ。その社会福祉士個人として相談に乗ってもらえる関係が築ければ、あなたの老後リスクはほとんど解消されるはずだ。

❖社会福祉士はオールマイティ

かなりの極論を述べたが、まんざらでもない話だと思っている。現に、社会福祉士の国家資格取得者にコミュニケーションスキルを習得させたうえで、幅広いシニアのニーズ・ウォンツに対応しているチーム（NPO）だってすでに存在している。

立上げ1年以内に90％が消えてしまうNPOの世界で、すでに10年間も活動を継続していること自体、言うなれば、「社会福祉士であれば老老地獄を救い得る」という仮説の正しさを物語っているのではないか。

以下は、同NPOが会員に対して約束している内容である（図5）。

(図5)

人生100年時代の老い先案内人　ＮＰＯ二十四の瞳

老い支度１０の約束

1. 年中無休（24時間365日）で電話による相談に対応します
2. 年2回、老い支度に関する啓発講座（ＤＶＤ）を提供します
3. 年1回、エンディングプランの作成をお手伝いします
4. いつでも、医療・福祉・法律等、各界のプロをご紹介します
5. ご予算内で希望条件に合った終のすみかをお探しします
6. ご予算内で一切合財を賄える葬儀社をお探しします
7. 病医院とのあらゆる交渉事を代行またはお手伝いします
8. リビングウィルの手続きを代行またはお手伝いします
9. 現在お住まいの転売を請負またはお手伝いします
10. あらゆる家族関係の修復をお手伝いします

哀しいかな
国も子どももアテにはできない時代です
子に媚びず気を遣わず、誰に負い目も引け目もない
ＮＰＯ二十四の瞳は、そんなクールな老後を応援します

ＮＰＯ二十四の瞳の社会福祉士が
高齢者援助の専門技術を身内のような愛に包んでお届けします

●年中無休体制で電話によるお困りごと相談に対応します
●年に2回、老い支度に関する学びと遊びの場を提供します
●年に1回、あなたらしいエンディングプランの作成をお手伝いします
●いつでも、医療・福祉・法律・お金等、各界のプロをご紹介します
●ご予算内で賄える終の棲家をお探しします
●ご予算内で一切合財を賄える葬儀社をお探しします
●病医院とのあらゆる交渉事を代行またはお手伝いします
●現在のお住まいの転売をお手伝いします
●あらゆる家族関係の修復をお手伝いします
●さいごを迎えるまでに叶えたい願いを実現すべくお手伝いします

実はこれらは、会員の要望が多かった上位10項目。

多くのシニアが人生のファイナルステージで叶えたいと思っていることを、満願成就とはいかないかも知れないが、可能な限り実現してあげたいという想いで、創意工夫しながら試行錯誤する。

そんな、シティホテルのコンシェルジュのような機能を社会福祉士本来の機能にミックスした存在でありたいと願いながら活動を続けている。

以上のように、社会福祉士という国家資格は、シニアの要望するあらゆるテーマについてひと通り対応することが可能なのだ。もちろん、医者や弁護士等、各界のプロとの連携網もあるから、個別具体的な案件については然るべき専門家を紹介することになる。しかし、いきなり、医者や弁護士の時間を拘束してしまうと費用が嵩む。

だからこそ、第一次相談窓口として社会福祉士を確保することに意味があるのだ。社会福祉士が詳しい状況を聞き取り整理した上で、必要に応じて医者や弁護士に繋ぐ。それが理想ではないだろうか。
日常的にいつでも何でも気軽に相談できて、いざとなったら身内のように代行してくれる。必要ならばその分野のプロを紹介してくれる…。
そんな社会福祉士があなた専属のコンシェルジュになったとしたら、もう漠然とした老い先への不安に苛まれながら、暗くて重たい毎日を過ごさずに済むのではないか。

保険的意味合いで社会福祉士を確保しておくことで、あれこれ思い悩むよりもシニアライフをエンジョイするほうに目を向けてほしいと願ってやまない。

❖老老地獄の救世主・社会福祉士

１００歳まで生きなければならない時代の転ばぬ先の杖。しかも、かなりお値打ちで折れない杖。それが社会福祉士である。

老老地獄を回避しようと思ったなら、50歳までに、自分と相性がよさそうな社会福祉士を探し出して確保しておくことをお奨めする。これこそが何よりの保険になるはずだ。

月々3千円払い続ければ、いざ死んだときに一切の費用が発生しないかのような誤解をさせて加入させる互助会ビジネスや、入院時に簡単にお金がもらえるような誤解をさせて加入させる生命保険ビジネスと比べ、はるかにコストパフォーマンスに優れた「保険」であることはまちがいない。
シニア援助の専門技術を持ち、身内のようなサービスマインドで、シニアの「日常生活（いつも）」「緊急時（もしも）」「老い支度（そなえ）」を一貫してサポートしてくれる（図6、7、8）。

そんな、ソーシャルワークのできるコンシェルジュのような安心老後のパートナー。その最適な職業が社会福祉士だと心に留めておいてほしい。
そして、50歳を過ぎたら、身近な地域で社会福祉士という国家資格者を探し出して声をかけてみてほしい。

哀しいかな、もはや国も子どもも当てにはならない時代である。子に媚びず気を遣わず、誰に負い目も引け目もない…。そんなクールな老後を実現するために…。

「社会福祉士を確保せよ」

（図6）

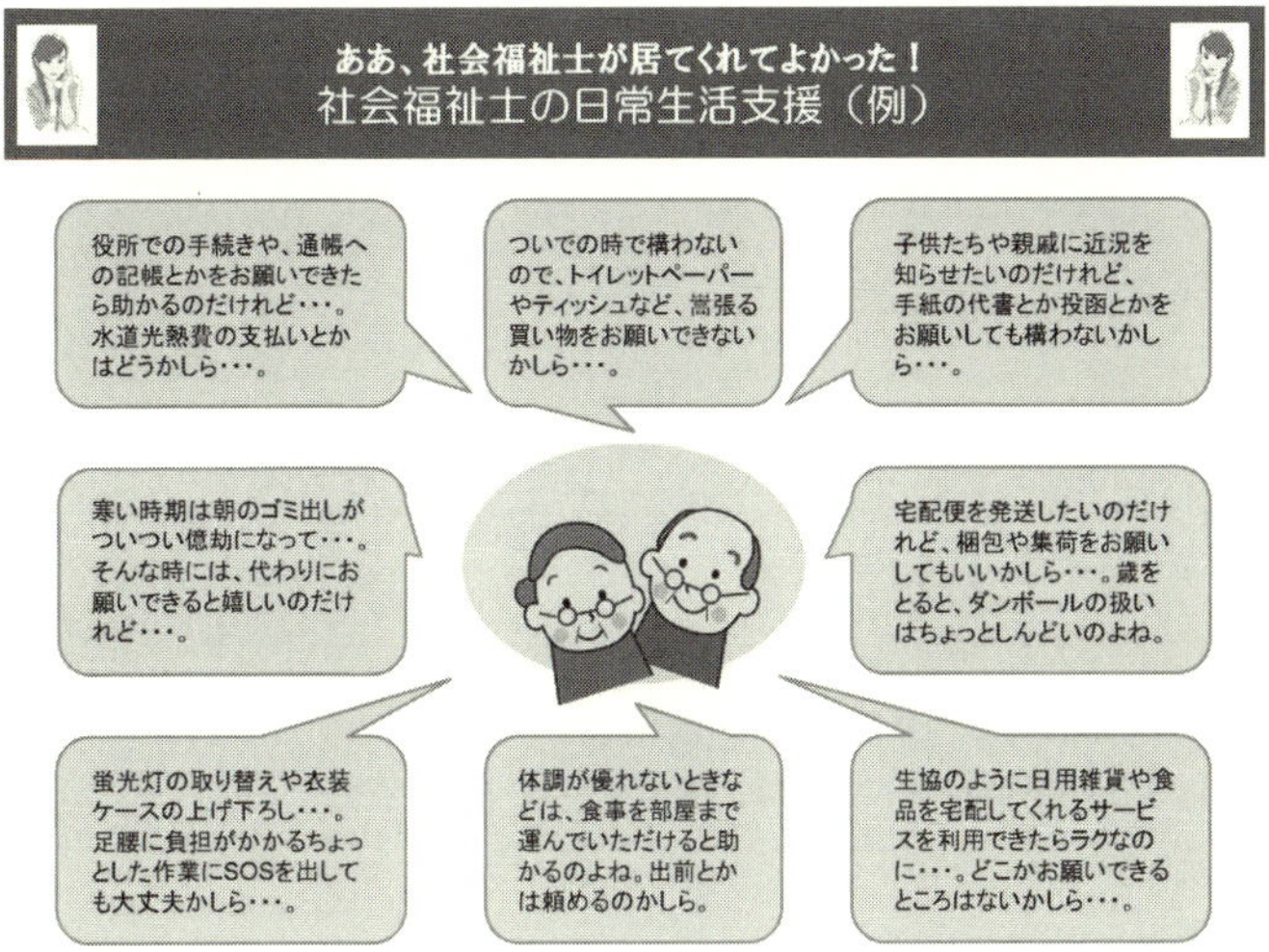

これこそが、誰も知らない、誰も教えてくれない、老老地獄を回避するための最善の方法である。社会福祉士は、老老地獄の救世主となる可能性を秘めているのだ。

(図7)

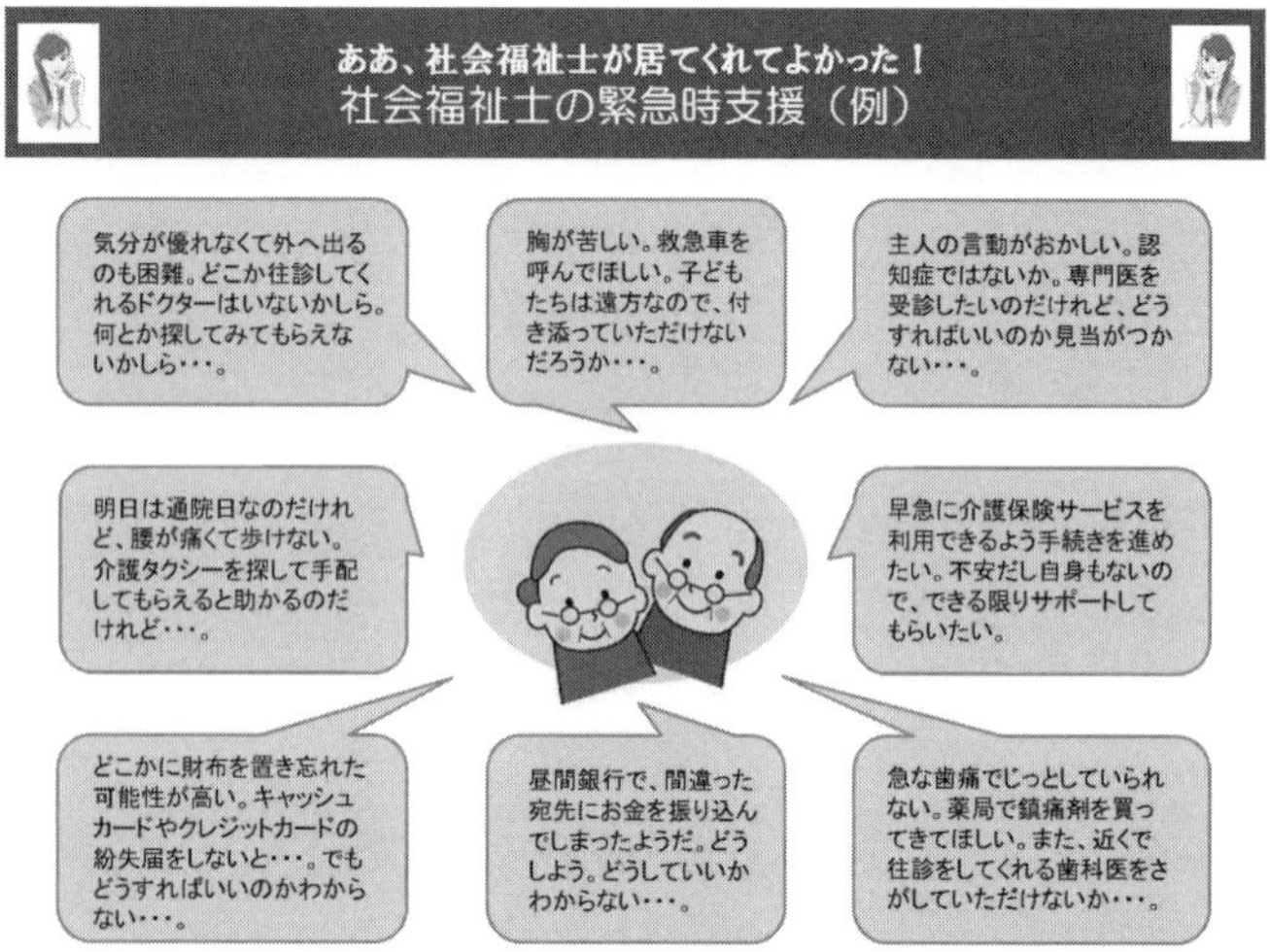

ああ、社会福祉士が居てくれてよかった！

社会福祉士の緊急時支援（例）

気分が優れなくて外へ出るのも困難。どこか往診してくれるドクターはいないかしら。何とか探してみてもらえないかしら・・・。

胸が苦しい。救急車を呼んでほしい。子どもたちは遠方なので、付き添っていただけないだろうか・・・。

主人の言動がおかしい。認知症ではないか。専門医を受診したいのだけれど、どうすればいいのか見当がつかない・・・。

明日は通院日なのだけれど、腰が痛くて歩けない。介護タクシーを探して手配してもらえると助かるのだけれど・・・。

早急に介護保険サービスを利用できるよう手続きを進めたい。不安だし自身もないので、できる限りサポートしてもらいたい。

どこかに財布を置き忘れた可能性が高い。キャッシュカードやクレジットカードの紛失届をしないと・・・。でもどうすればいいのかわからない・・・。

昼間銀行で、間違った宛先にお金を振り込んでしまったようだ。どうしよう。どうしていいかわからない・・・。

急な歯痛でじっとしていられない。薬局で鎮痛剤を買ってきてほしい。また、近くで往診をしてくれる歯科医をさがしていただけないか・・・。


(図8)

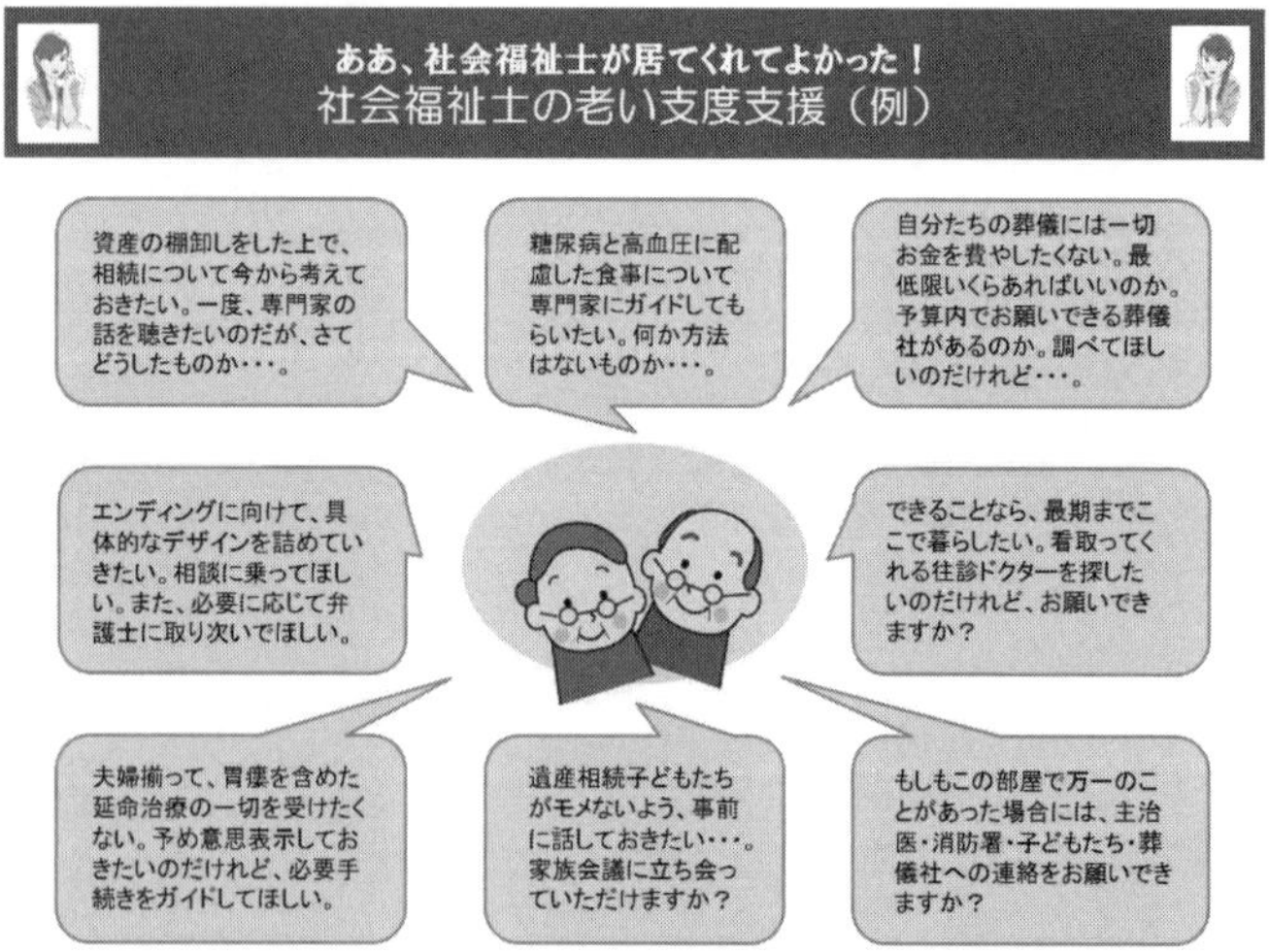

ああ、社会福祉士が居てくれてよかった！

社会福祉士の老い支度支援（例）

資産の棚卸しをした上で、相続について今から考えておきたい。一度、専門家の話を聴きたいのだが、さてどうしたものか・・・。

糖尿病と高血圧に配慮した食事について専門家にガイドしてもらいたい。何か方法はないものか・・・。

自分たちの葬儀には一切お金を費やしたくない。最低限いくらあればいいのか。予算内でお願いできる葬儀社があるのか。調べてほしいのだけれど・・・。

エンディングに向けて、具体的なデザインを詰めていきたい。相談に乗ってほしい。また、必要に応じて弁護士に取り次いでほしい。

できることなら、最期までここで暮らしたい。看取ってくれる往診ドクターを探したいのだけれど、お願いできますか？

夫婦揃って、胃瘻を含めた延命治療の一切を受けたくない。予め意思表示しておきたいのだけれど、必要手続きをガイドしてほしい。

遺産相続子どもたちがモメないよう、事前に話しておきたい・・・。家族会議に立ち会っていただけますか？

もしもこの部屋で万一のことがあった場合には、主治医・消防署・子どもたち・葬儀社への連絡をお願いできますか？

パート4

エピソードファイル（実話）

◆エピソード1　同居する義母の弄便を始末する日々

「おかあさん、お昼ご飯はまだなの？」

幼児に返ったかのような義母の声。1分間に何度おなじ台詞を吐くのだろう。沈痛な想いで返事の言葉を探す悠子が気づくと、声の主がすぐそばで、また不平を口にする。

「おかあさん、ねぇ、お昼はまだなの？」

「ちょっと待ってて。いまお洗濯しちゃうからね。テレビ観ながら待っててください」

「だってぇ、お昼ご飯食べなくちゃおなかがすいちゃうのにぃ」

「わかったから。すぐ支度するから、お願いだからちょっと待ってて」

この3ヵ月あまり、毎日がこうだった。義母の様子がおかしいと感じたのは約半年前。階段を踏み外して足腰を打ち、2週間ほど入院生活を強いられ家に戻ってきてからだ。きっかけはトイレ。トイレが水浸しになっていて、あわてて後始末に取りかかって、それが水ではないことがわかったのだ。

義母はもう80代も半ば。そんなことがあってもおかしくはない…。

そう言い聞かせて、本人には何も告げずにおいたのだが…。しかし、トイレの粗相は頻度を増し、義母がトイレを使うと2回に一度はそんな状況になるのだった。

銀行の支店長を務める夫は超多忙だった。妻のそんな話も正面からは聞き入れてくれない。夫の頭のなかには、かつての厳格な母親のイメージしか残っていないのだ。

「今朝もよ。一度お医者さんに診てもらったほうがいいかもよ」

「大丈夫だよ。そりゃあ、歳が歳だから、そういうこともあるかもしれないよ。でも、ちょっとこぼしちゃっただけだろ?本人に注意するように言えば大丈夫だって。俺が言っておくから」

「でも、怒るよ。ストレートに言ったら」

こんな調子で夫はわかっていなかった。

案の定、夫がそのことに触れると、義母は人が変わったようにいきり立った。

「わたしじゃない！　そんなこと言って、お前はとんでもない息子になったな。わたしがそんなことするわけないだろ！」

しばらくすると、トイレでの粗相はさらにひどくなる。自分の排泄物を便座に鏡餅のように盛るようになったのだ。たまたま実家に遊びに返っていた娘が血相を変えて飛び込んできた。

「ママ、ちょっと。もうイヤだ〜っ」

娘に手を引かれていって目にした光景は…。

週に何度か義母の妙な儀式が執り行われるようになった。その後始末をしながら、悠子は気分が悪くなり、偏頭痛に悩まされるようになった。話を聞いた夫は、はじめは大笑いしたが、娘の証言もあり、無関心ではいられなくなった。とは言え、仕事は絶えることなく忙しく、自分が動くことは容易ではない。

やむなく、悠子は義母を連れて知り合いのクリニックへ出向いたのだった。しかし、内科医では状況がつかめず、駅向こうにある公立病院の精神科を紹介されることに。「もの忘れ外来」というやつだ。

ここにきて、義母の行動には顕著な特徴が出てきた。ひとつは、排泄の粗相に加え、食事のことだ。とにかくよく食べる。そして、その食べ方は筆舌に尽くせぬものだった。食い散らかすという表現がいちばん近いだろうか。

ひたすら口に詰め込み、許容量を越すと吐きだし、それをまた食べるのだ。見るに堪えない光景だった。ある時期から介護用のエプロンを使うようにしたのだが、それもすぐに取っ払ってしまう。義母が食べた後の掃除は大変だった。

もうひとつは、時間に異常なこだわりを見せること。階段から落ちてリハビリのために通うようになったデイサービスに、週2回通っているのだが、施設からの迎えがくる3時間以上も前から玄関で待機しているのだ。

まだ早いと悠子がなだめても、「遅れたらどうすんのよ。ご飯がたべられなくなっちゃうでしょう」といった具合である。

やっと出かけてくれたと思って家事につけば、洗濯しようとした義母の衣類のポケットから、ていねいに折りたたんだトイレットペーパーが出てくる。異臭が鼻をつく。使用済みのものをトイレに流さずに大切に持ち帰るようになったのだ。

悠子は頭がおかしくなりそうだった。夜も頻繁にトイレに行くようになったし、部屋でも何やらゴソゴソと騒がしい。偏頭痛に加え眠れない日が続くようになった。

毎日を同じ屋根の下で過ごしていない夫には、悠子ほどの逼迫感はない。大いびきをかきながら腹を突き出して眠っている。頭を抱えながら悠子はつぶやく。

「もう限界…」

ようやく悠子が動いたのは、義母に異変が生じてから半年が経過した頃だった。インターネットで調べ、社会福祉士が運営している困りごと相談に電話をしたのだ。

この半年間のことを思い出すままに話す。電話の向こう側のあいづちが妙に心地よかった。気づけば30分近くもの間、つらい思いを吐き出していた。状況を聴いた相手がゆっくりと口を開く。

「感じたままを言わせていただきますね」

悠子はほほをつたう涙を拭いながら次の言葉を待った。

「本当に大変な半年でしたね。さぞ、おつらかったでしょう」

堪えていた感情が一気に爆発した。涙が洪水のようにあふれ、悠子は声をあげながら号泣した。

ひとしきり泣いた後、悠子は言った。

「なんか…。申し訳ありません」

「いいえ。もっともなことだと思います。半年ですからね。正直、私には信じられません。そもそも、要介護3で、ご自宅でお相手をされていたとは、実際問題として無理だと思います。ご家族が潰れてしまいます」

重厚感のある低音が心地よかった。

「できれば、もっと早い段階でお電話いただけたら良かったと思います。でも過ぎたことを言っていても仕方ないですからね。これからのことをお話したいのですが」

少しだけ冷静さを取り戻して、悠子が訊いた。

「この先、どうなるんでしょうか？」

「あなたはどうされたいですか？　一切の制約

を取っ払って、本当のお気持ちをおっしゃってみてください」

「……」

「おつらいのはよくわかります。でも、せっかく勇気を出してお電話下さったのに、本音を言ってくださらないと、最善の手が打てないのです。ご理解いただけますよね？」

「…はい…」

「あなたはおそらくとても優しい方だから、これまで曲がりなりにもお世話になってきた義理のお母さまに対して、気を遣われてしまうのでしょうね、わたしが察するに」

「……」

「どう言葉にしていいか迷ってらっしゃるようなので、私のほうから提案をさせていただいてもよろしいでしょうか」

悠子は救われたような気がした。

「あっ、是非、お願いします」

「はっきり言わせていただきますが…、もう限界なのではないでしょうか。あなたまで潰れてしまいます。いや、もしかすると、もう潰れかけているのではありませんか？」

「……」

「いいですよ。黙って私の話を聴いていてください。もしもご自分の気持ちと反するようなことをわたしが言った場合だけ、そうおっしゃってくださいね」

「はい」

「お母さまは入院させるべきだと思います。要介護度の問題というよりも、排泄が自立でできなくなったら在宅は無理。問題行動が出たら在宅では無理。これがわたしの持論なのです。

下手に辛抱しつづけると、お母さまだけでなく、あなたもご主人もお子さんたちも、家族みんながおかしくなってしまいます。

　そして、すでにあなたの場合は、もう限界も限界、切羽詰ったところまで追い込まれているように思えてなりません。わたしがあなたの立場だったとしたら、ちゅうちょなくお母さまを入院させます。

　そして、自分の生活と心身の状態を立て直します。そうしながら、お母さまのこれから、つまり、施設を探すとかですね、それを家族で話し合います。

　ここまでの話を聞かれて、どうお感じになりますか？」

「はい。そうできることなら、助かると思います」

「ありがとうございます。ひとつ教えてほしいのですが、公立病院の精神科外来で、たとえば入院の可能性とかについて、お医者さんとお話をされたことがありますか？」

「いいえ、ありません。いつも母がぴったりと横にへばりついているので、お医者さんとふたりだけで話すということがなかなかムズカしいんです」

「そうでしたか。相談しようにもできない状況だったのですね…。もしかすると、お医者さんもご家族の困り具合を理解できていないかもしれませんね。差し支えなければ、私どもでは、ご本人やご家族に同行して、病医院で代わりにお話させていただいたりもしているんですよ。一度、御主人と相談されてみてはどうでしょうか？」

「入院…できるでしょうか？」

「はい、できます。ご本人の同意がなかったとしても、ご家族の生活に重大な支障が出ている場合には保護入院というのがありましてね。直系のご家族、つまり、ご主人ということになりますが、その同意さえあれば入院させることができます。そのあたりの病院側との折衝を私どもが代行することも可能です」

相手の話を聞きながら、かすかではあるが、悠子は暗い雲の間からひとすじの光が射してくるような感覚を覚えていた。

悠子の夫と名乗る男性が電話をしてきたのは、それから1週間後のことだった。

「一度お目にかかって話を聞いてもらえますか?」

「是非に。わたしも、その後どうなったのか、気にかけておりましたので」

みなとみらいにある事務所の面談室があいにく塞がっていたので、同じビルに入っているホテルのカフェで2人は対峙した。

「サイトを拝見しました。今の時代、ニーズがありそうですよね」

「たしかにそうなのでしょうが、みなさん、初動が遅いんですよね。その結果、ちょっと厄介なことになってしまうケースが多いですね」

「そうですか…。早速、本題なのですが、実はこの土日に、母とふたりで過ごす時間があったのですが…」

「親孝行されたのですね。それはなによりです」

「はぁ、しかし…」

「しかし?」

「妻の言っていることがわかったと言うか…。2日続けてトイレの後始末をやりました。あんなことは、人生ではじめてです」

「鏡餅…」

悠子の夫がハッとした表情に変わる。

「奥様に電話で聴きました」

「はぁ、そうなんです」

「ああいうのは、実際にやってみるとキツいですよねぇ。情けないというかやるせないというか。まして、昔はシャキッとしていた自分の親のイメージがありますからね…」

「はい。おっしゃるとおりで…。妻があれを毎日やっていたのかと思うと心苦しくて」

「でも、奥様のつらさをご理解いただけたのはよかったと思いますよ」

「はぁ。なかなか仕事に切れ目がなくて、家のことはすべて妻任せできたものですから」

「いや、どこの家庭も、多かれ少なかれ一緒ではないでしょうか」

「はぁ。で、妻と話しまして、できればサポートしていただければと思いまして…」

「そうでしたか。ありがとうございます。お電話で伺ったかぎり、もうご自宅でお母さまを見ていくことは無理だと思います」

「はい。わたしも同感です。実は、トイレでの粗相について母を叱ったところ大騒ぎになりまして…。狂ったように騒ぎまくる母の様子を見て、これはもう昔の母ではないんだなと…」

「そうでしたか。おつらいですよねぇ」

「こんなことを言ってはいけないのでしょうけど、母を殺したいという気持ちさえ湧き起こってくる自分にびっくりしまして…。そんな気持ちをどうコントロールしていいものか。いまや妻だけでなく、わたしも限界なのです。妻に比べれば、ほんの少ししか大変な目に遭っていないのですけどね…」

「いや、正直にお気持ちを教えていただけてよかったです。私でよろしければ、できるかぎりのことはさせていただきます」

「助かります」

「奥様から聞かれているかもしれませんが、やはり一刻も早く入院するのがいいと思っています。ただ、おそらく、最大でも3ヶ月で退院させられてしまうので、その後をどうするのか。ここはおふたりでよく話し合ってほしいところです。私の経験からすると、認知症あるいはそれに準ずる症状が出てしまった場合には、ご自宅で療養するというのは困難だと思っています。

認知症でなくても、排泄のコントロールができないようなら、絶対に自宅はやめるべきとまで思っています。そうなると、通常は、グループホームとか老人ホームとかに入っていただくというのが多いですね。その場合には、経済的なこと、エリア的なこと等も含め、希望条件に合致する物件をご紹介することも可能です」


「わたしとしては、もう家で見ることはできないだろうと…。ただ、お金のこともあるので、即、老人ホームと言われてもちょっと…」

「ですよね。そこはお母さまが入院されている間に、少しじっくりと作戦を立てましょう。わたしも、まだお宅様のことをほとんど何も知りませんので」

「あっ、はい。そうですよねぇ」

「はい。まずは入院のことにしぼってお話ししょうかね」

「お願いします」

家では悠子が夫の帰りを待ちわびていた。

幸い義母はすでに眠りについていた。デイサービスがある日は、やはり疲れるのだろうか、比較的おとなしく床に入ることが多かった。

「どうだった？」

「うん、会ってきた。感じは良かった。信用してもいいと思う」

悠子が安堵の表情を浮かべた。いまや、もしかしたらこの果てしない苦しい日々にゴールが見えてくるかもしれないと期待するだけで、目の前のネガティブを持ちこたえて乗り切っていけるような気がしていた。だから、自分の思いつきでコンタクトした相手に対して、夫も好感を持ってくれたことがうれしかった。と言うより、ホッとしたのだ。

「社会福祉士…っていったかな。この資格のことも調べてみた。正直、なんだかよくわかんない資格なんだけど、ちゃんとした国家資格だし、こっちの話も通じるし。あの人にサポートしてもらう気になったよ」

「そう。よかったわ。で、どうなるの、これから？」

「おふくろが通っている病院には認知症病棟というのがあるらしい。で、驚いたんだけど、いまの待ち状況をもう調べてくれててさ、16人も待機してるんだって。でも、そこは医者や何とか相談室に事情をうまく話せば、割りこむこともできるって、けっこう自信ありげだったよ。

「来週の金曜」

でさ、つぎの外来はいつ？」

「そんとき、一緒に行ってくれるって。で、彼が医者に事情を話して入院に向けて話をつけてくれるって言うんだよね。彼に教えてもらった通りに俺やキミが医者と交渉するってぇ選択肢もあるって言われたんだけど…無理だろ？　だから任せるって言ってきちゃった」

「うん。お願いしたほうがいいよ。お医者さんに、何をどう伝えていいかわからないし」

「だろ？　現地サポートの場合、１万円かかるって話だけど、そんなの安いもんだよ。それでおふくろが入院できて、今後のことをじっくり考える時間ができるんだ。ありがたい話だよ。何より、キミがどうにかなっちゃったら困るしな」

悠子は自然と表情がほころんで夫を見た。

「えっ？　なんだよ？」

「なんか、今日はやさしいなって思って」

「ばか。社会福祉士に言われたんだよ。キミがあぶないって。少しでもいいからやさしい言葉をかけてあげてくれってね」

「なぁ～んだ。そういうことか」

そそくさとシャワールームに向かう夫の背中を見送りながら、悠子は安堵のため息をついた。

その日、義母を連れ立って病院の正面玄関を入ると、夫と同年代のそれらしい人物が近づいてきた。

「田中さんですか？」

「はい、田中です」

「先日はお電話でどうも。神崎です」

続けて、義母に目線を合わせて会釈する。

「こんにちは。わたし、息子さんの学生時代からの友人で神崎といいます。今日はいいお天気ですよねぇ」

義母に対しては夫の友人。病院に対しては、悠子の兄という立場で付き添ってもらうことを事前に電話で取り決めていた。悠子は、それにしてもなりきっている、と思った。

３人で精神科の外来受付に向かう途中も、神崎は義母の手を取り、おぼつかない足取りを支えながら世間話をしている。目的地に着くと、受付に診察カードを出そうと向かう悠子に神崎がささやいた。

「これ、読んでおいてください」

渡された紙にはこんなことが記されていた。

『受付にこの封筒を渡して、カルテと一緒に事前に主治医に渡してほしいと頼んでください。中には、お母さまの診察の後で（お母さまのいないところで）相談の時間を取ってほしい旨、書いてあります』

果たして、義母の診察時間が来ると、足取りの緩やかなふたりに先んじて、神崎は主治医と話をつけてくれた。通り一遍の診察を終えると、主治医は義母に伝えた。

「ご家族とちょっとお話がありますので、受付のところで待っていていただけますか」

もじもじする義母を悠子が促すように立たせ、付添いながら一旦診察室を後にした。どうにか義母を言い聞かせて診察室に戻る。

「そんな状況がもう半年も続いていて、妹も限界なのです。夫の和彦君とも昨夜、電話で話しました。今日はどうしても外せない仕事があったので私が代わりに来たというわけです。なんとか、入院に向けてお力添えを戴けませんか、先生。この通り、よろしくお願いします」

途中で戻ってきた悠子に、主治医が訊いた。

「お兄さんからいま聴きましたが、どうです？　お母さんをご自宅で見ていくことはキツいですか？」

「正直、もうどうしていいかわかりません。いつまでこの状態が続くのかと考えると、もう頭がおかしくなりそうで…」

「そうですか…。わかりました。入院の予約を入れましょう。ご本人はどうですかね？　納得しそうですか？」

神崎が一瞬、悠子に励ますような視線をやった。

「いえ、こちらに来る時もいつも駄々をこねるので、入院なんて言ったら強硬に抵抗しそうな気がします」

「そうですか…」

神崎が割って入る。

「先生、お願いです。妹を助けてやってください。和彦君もそれを希望してます。本人が同意しなくても実の子どもがそれを希望すれば入院可能とかいう話も聞いたことがあります。そうじゃないんですか、先生」

「保護入院ですね。次回、ご主人は一緒に来られそうですかねぇ」

「いや。お言葉ですが先生。私が見る限り、次回とか、そんな悠長なことを言ってる状況じゃないと思うんです。和彦君だって、実の母親を殺したいと思ったって言ってるくらいなんですから。悠子はそんな思いを毎日抱えながら暮らしているんですよ。一日も早く入院できるように助けてやってください。お願いです。助けてください」

主治医が悠子に目をやった。髪も整えておらず、化粧のノリも悪い。目の下の隈が痛々しいほどだ。

その時、診察室のドアが音もなく弱弱しく開いた。義母である。

「ねぇ、おかあさん、お昼まだかしらぁ。もうおなかがすいちゃって。お昼ご飯はぁ」

悠子が席を立ち、義母をなだめながら退室した。

主治医が改めて言った。

「わかりました。入院でいきましょう。ちょっと待ってください」

　主治医は受話器を取ると病棟の状況を確認。優先的に入院させたい患者がある旨を相手に伝えた。電話を終えた主治医が説明する。

「この後、ちょっと医療相談室に行って、相談員と話していただけますか？　かなり入院待ちの患者さんが多いみたいで、普通にいくと一ヶ月とかかかっちゃいそうなのですが、状況により前倒しすることもできないわけではないので。私のほうからは、できるだけ早く入院させるべきと伝えて予約を入れてありますから、あとは相談室の判断ということになります」

「そうですか！　ありがとうございます。早速行ってみます」

　診察室を出た神崎と、義母をなだめてロビーに置いてきた悠子が合流。神崎が主治医の入院についての同意を得られたことと、この後の流れを素早く伝える。悠子は少しだけだが緊張の糸がほぐれ、目を細めて、すがるように神崎を見た。包み込むような笑顔にホッとする。

「大丈夫です。何の問題もありません。お母さまのほうは落ち着いていますか？」

「それが…。お昼、お昼ってどうしようもないんで、下の食堂で何か食べさせようと思うんです」

「そうですか。どうしましょうか。私に任せていただければ、医療相談室と話しますよ。一日も早く入院できるように」

「ええ。どうかお願いします」

「わかりました。任せてください。また後ほど、正面玄関のあたりで落ち合いましょう」

「わかりました。よろしくお願いします」

　40分後のロビー。満腹感で睡魔が襲ったのか、鼻歌交じりにうとうとする義母を尻目に、悠子は神崎の話を聞いていた。

「週明けの月曜日、入院です。ご夫婦が限界まで追い込まれている状況。ご主人が実の母親を殺めたいとまで思い詰めている状況。家族間の哀しい事件を起こさないためにも、というこちらの思いを相談員がわかってくれたようです。たまたま今日の夕方に、入院調整の会議があるらしく、そこで田中さんのお母さまを最優先で入院させる方向で動いてくれると言ってくれました。確定させて、18時までには電話をくれるそうです」

「本当ですか！　そんなに早く？」

「それまで、あと少しだけがんばれますか？」

「はい。いついつまでという具体的な期限がわかると、気持ちに張りが出てきて乗り切ることができると思います」

「それはよかったです。この半年、そのゴールが見えなかったですものねぇ」

「ありがとうございます。神崎さんのおかげです。神崎さんがついてきてくださらなかったら、ずぅ〜っとこのままの状態が続いて、本当にわたし、もうダメになってたと思います」

とめどなく涙がこぼれてくる。

「いや、まだ始まったばかりです。まだ安心するのは早いですよ。やるべきことが残っていますからね」

「はい。ごめんなさい」

「そんな、謝ることはありませんよ。もとはと言えば、悠子さんが勇気を出して電話をかけてくださったから。だからこそ、少しずつ良いほうへ進んでいるんだと思いますよ。ご自分の力で切り開いたんです、はい」

それから神崎は、悠子に今後の段取りをガイドした。入院のしおりと、入院に係る提出書類を手渡しながら、入院日時の連絡が入り次第、悠子に電話を入れること、夫のほうへも状況を伝えておくこと、入院に際しては夫の署名が必要となること。そんなこんなを重厚感のある低音に乗せて伝えてくれた。

その日の夕方、神崎から電話があった。数時間前に聞いたとおり、月曜の午前10時の入院が確定した。夫にも、今日の経緯と結論を電話で伝えてくれたという。

義母には申し訳ない気持ちもしたが、正直、救われたと思った。あと4日。あと4日の辛抱で、とりあえず、義母の排泄と食事の後始末、そして同じ話の果てしないリピートから解放されると思うと、何とも言えない安堵感と開放感に包まれるのだった。

夜、夫が帰宅すると、入院当日は会社を休む段取りをしてきたことを知った。協力してくれる夫に感謝した。しかし、夫は夫で、自分の母親のせいで妻がこんなにもやつれてしまうまで気づかなかった、いや、正直に言えば、仕事を口実に見て見ぬふりをしてきた自分を責め悔いていたのだ。

「あと4日はつらい思いをさせてしまうけど、なんとか頼むよ」

「うん。出口が見えていればがまんできるから」

ここ何年もなかった自然な会話が、ふたりの間に戻ってきたような気がしてくる。

風呂を済ませた夫が言う。

「神崎さんに電話で聞いたんだけど、入院っていうのは一時的な避難であって、いつまでも病院に居るわけにはいかないじゃない？　あの病院は原則2ヵ月、どんなに長くても3ヵ月後には出なければならないって。だから、おふくろが入院したら、俺たちはその次のことを考えて決めておかなきゃダメなんだって。

彼に最初に会ったときに言われたんだけどさ。おふくろの場合、たぶん、もう自宅で家族が介助するっていう選択肢はないだろうって。俺もこの前おふくろと二人きりで過ごしてみてさ、今ならわかるよ。家じゃ無理だって」

悠子は、ここまで夫が理解してくれていることが信じられなかった。ほんの1ヵ月前までとは別人のように、こちらの気持ちを慮ってくれている。それが幸せだった。

「お金の問題もあるし、あと、姉貴にもいつかは話さなきゃいけないしな」

夫である和彦には姉がひとりいる。バツイチで、仕事をしながら郊外で一人暮らしをしている。義母とは仲がいい。義母の様子がおかしくなってからは、「あなたたちがお母さんにつれなくするから、淋しくなって変になっちゃったんじゃないの」と夫に意見しているのを聞いたことがある。今回の入院についても否定的だろう。しかし、だからと言って、義母を引き取ってくれる可能性はゼロだ。

「とにかく、最大限、入院期間を延ばすためには、俺たちが必死で施設を探しているということを病院側にわかってもらうことが重要だって、神崎さんが言ってたよ。そうしているにもかかわらず、なかなか条件に合うところが見つからなくて困っているってぇ雰囲気を出すことが必要だって。

認知症の人が増えてるんだろ？　だから入院待ちしてる人がかなりいるんだろうな。病院を老人ホーム代わりに使ってたり、病院におんぶに抱っこで先のことを真剣に考えていなかったり、そんな家族の患者はなるべく早く出したがるものなんだってさ。いや、なかなか勉強になるよ。病院の世界なんて、これまでまったく縁がなかったからな」

「そうよね。こんなに一気に事が進むなんて、わたし、いまでも信じられない」

「だよな。ああいうプロの存在を知ってるか知らないか。それって、かなり大きいと思ったよ、つくづくね」

「あなたは、退院した後、どうしたいと思ってるの？」

「神崎さんの言うように、おふくろがここで暮らすという選択肢はもうないと思ってる。ただ、お金のこともあるから、そうそう贅沢な老人ホームに入れる余裕もない。神崎さんに言われたよ。それだったら、月額いくらまでなら払えそうなのか。それと、地域的に、どのあたりまでが許容範囲なのか。最寄り駅名で考えておいてほしいって。おふくろの入院中に条件を満たす物件を見て回るといいって。必要ならお供しますとも言ってくれてる」

「そっかぁ。神崎さんが一緒に探してくれるなら安心よねぇ」

「そうなんだけどさ…」

「なに？」

「いや、現実問題としてさ、月々いくらくらいなら払えるかって計算してみたんだけどさ、なかなかキツいんだよな」

悠子が思い出したように話題を変えた。

「そう言えばさぁ、あなた、認知症の人が共同生活するグループホームってところ知ってている？」

「いや、知らない」

「そういうのがあってね、だいたい月額25万円くらいだって。テレビで言ってたわ」

「やっぱ、そんなもんだよな」

「いくらくらいならいけそう？」

「正直、安ければ安いほどいい。25とか無理。ひと桁くらいになってくんないと」

「そっかぁ。だよねぇ。でも、そんな金額で入れるところなんて、あるのぉ？」

「……」

「……」

ふたりの表情には、同じように「あるわけないよねぇ」と刻まれていた。

ともあれ、真っ暗闇のなか、断崖絶壁を手探りで歩いていたような時を過ぎ、前へ進み始めたふたりであった。


入院当日、約束の時間30分前に着くと、神崎が笑顔で3人を待っていた。

「おはようございます。晴れて良かったですね」

続けて義母にも声をかける。

「お母さんまた会いましたね。こんにちは。今日は和彦君も一緒でうれしいですね」

「はい。ありがとうございますぅ。でも、病院はイヤなんですぅ」

義母がいつものように駄々をこねる。

「でも、今日は、主治医の先生が直々にお母さんとちょっとお話したいって言うのでしょお？　ちゃんと聞いておいたほうがいいと思いますよ」

総合受付で名前を伝えると、なんと主治医が自ら出迎えにきてくれた。面談室に導きながら、和彦と言葉を交わし、入院希望の意思を確認したようだ。

面談室に入ると、何枚かの書類を渡され、和彦がそれにサインした。

「それでは田中さん、ちょっと血圧と脈拍を計っておきましょうね」

主治医はそう言うと同席していた看護師を促し、義母を診察室へと誘った。手際よく義母を寝かせ、当然のような素振りで「ちょっとだけ、チクッとしますよ」と言うや義母の左腕に注射をした。そのまま義母は意識を失い、寝台車に乗ったまま入院病棟に運ばれていった。

病棟の面談室で、これまた流れるように入院中および面会時の必要事項を聞かされ、あっという間に、義母の入院という一大イベントが終わったのだった。

悠子と和彦は、最寄り駅まで送る途中、神崎を昼食に誘った。これまでのお礼もしたかったし、今後の相談もしたかったのだ。

食後のコーヒーをすすりながら、神崎が言った。

「どうですか？　あっけなかったんじゃないですか？」

自分の気持ちをズバリ言い当てられた気がした。それは和彦も同じだったようだ。

「ですねぇ。こんなにあっけないとは…。まだ信じられません。第一、おふくろが思いっきり抵抗するんじゃないかと思ってましたからね」

「わたしもです。おかあさんが駄々をこねたら、入院させるっていう自分の意思が萎えてしまうんじゃないかって、昨夜は心配で眠れませんでした」

神崎がコーヒーカップを置いた。

「そうですよね…」

「本当にありがとうございました」

頭を下げるふたりを片方の手のひらで制するような仕草をしながら神崎が語り始めた。

「お母さまご本人も、なりたくってあんなふうになったわけじゃない。おふたりだって、できれば近くにいてあげたいのにそうはできない事情がある。だからと言って、なにをどうしたらいいのか見当がつかない。

そんな袋小路のなかで、状況はどんどん悪化していく。で、気づくと、ここまで大変な思いをしながら接しているのに、それをわかってくれないお母さまに対して、恨みつらみのようなネガティブな感情が芽生えてくる…。

これは、実際に家族介護をやったことのある人じゃないとわからない葛藤だと思います。そうして、運が悪いと、新聞沙汰になるような凄惨な顛末を迎えてしまう場合も出てくるわけですよね。

でも、何かのきっかけで然るべき相談経路さえ見つけてしまえば、それはもう簡単な話なのです。極端な言い方をすると、昨日まで悩んでいたのが嘘みたい。ほんの短い時間で問題が解決してしまう。解決までいかなかったとしても、その道筋が見つかったり、いろいろなことが、心身の負担が一気に減ったり、プラスのほうへ流れが変わっていくものなんですね。

みなさん、一様におっしゃいます。あまりにあっけなくって気が抜けたみたいだって。でもね、本当に紙一重なんです。うまく方向転換できるか、できないままに老老地獄のようなことになってしまうかの差は。ですから、奥さんからいただいた一本の電話。あれがあって本当に良かったと心から思っています」

悠子は、はじめて神崎と電話で話した日から今日までのことに思いを巡らしていた。和彦もまた、半信半疑で神崎を訪ねた日のことや、神崎から電話で報告を受けたときのことを思い出していた。

「やはり、自分の親に不審な言動が見えたとき、誰しもすぐには認めたくないのだと思います。だから、しばらく様子を見ようとなる。そして、やっぱり何かがおかしいと認識したとしても、周囲を気にしてしまうのでしょうね。

ある程度、自分たちで耐えて堪えて、どうにもこうにもならなくなるまではSOSを発信しない人がとても多いんです。

しかし、いざSOSを出しても、然るべき受信者が見つからないと、また悶々とした時間を過ごすことになる。本当は、最初のSOSの時点で限界状況であることが多いんです。

だから、せっかくSOSを発しても、しっかりと受信してくれる人が見当たらないことがわかると、そこでガックリときちゃうんですよね。そうなると、そのあとの対応はところどころ雑になってしまう。

もう張りつめていたものが切れてしまっていますからね。そんなふうになってしまうと、もうすぐそこに残念な事態が待っている。そんな気がしてならないんです」

和彦が言葉を選ぶように重い口を開く。

「わたしも、正直に言うと、自分を生んで育ててくれた母を、いくら認知症になったからといって、すぐに病院だの施設だのに入れてしまうということにはためらいがありました。自分さえもっと頼れる存在であったなら、おふくろも妻も子どもたちも、大きな懐で包み込んでやれるだろうにと。

でも、実際には、自分の仕事のことだけで手一杯で何もしてやれない。そんなもどかしさにかまけて、結局は妻を見殺しにするところだったと反省しています」

「ご主人はすごい方だと思います。自分のことをきちんと振りかえられて、できていなかったところをちゃんと言葉にして奥様に詫びることができる男らしい方なんですよね。なかなかいらっしゃいません、そういう男性は」

和彦が思い出したように顔を上げ、続けて悠子のほうをチラッと見やって頭を掻く仕草をした。悠子が、窓から差し込む日差しを眩しそうに避けながら微笑んだ。

「理想のご夫婦です。私にはそう思えます」

3人がほぼ同時にコーヒーカップに手をやった。やや冷めてしまったコーヒーをちょっとだけすすり、3人の間でアイコンタクトが交わされた。

その後の話で、神崎は言った。もしも経済的な事情で、義母の退院後の行き場所に懸念があるのであれば、やりようはあると。まずは入院期間を最大まで延ばしてもらい、その上で、病院からの紹介で老人保健施設という、病院から自宅へ戻るまでの中間施設に転院するというプランだった。

老人保健施設は、本来的には自宅復帰までの準備をするための施設なのだそうだ。しかし実際には、半数近くの人たちがそのまま最期を迎える終のすみかになっているのだという。集合部屋が基本になるものの、医者と看護師も常駐しているし、何といっても値段が安い。世帯状況を詳しく聴いた上で、神崎は付け加えた。

「お母さまが和彦さんたちの扶養家族になって

いるのであれば、まずそれを外します。世帯分離という手続きになります。その上で、医療と介護の両方で、限度額認定の手続きを取りましょう。

これは、所得に応じて、毎月の医療費および介護費の自己負担金額に上限を設定してもらえるというものです。お母さまの収入が国民年金だけということですから、この手続きを取れば、月額10万円もかけずに老人保健施設で生活することができますよ」

神崎と別れてから、車のなかで和彦が言った。

「いやあ、なんか信じらんない。月々25万円とかどうやって捻出しようかって悩んでたけど、本当に毎月ひと桁でやっていける方法があるなんてな。驚いた」

「わたしも！　神崎さんが言ってたみたいに、やっぱ知らないと損しちゃうことってあるんだねぇ、世の中って」

「だよな。神崎さんとこのホームページ、よぉく読んでみたんだけどさ。すごいよ、なんでもやるんだよ、あそこは。入退院の手続きとか、カルテや検査データの取得とか、そういう病院との交渉事から始まってさ。症状に合わせた専門医の紹介でしょ。施設探しとか葬儀社探しとか。

あと、当然、遺言とか相続まわりの話。お金がなくって老人ホームに入れない人のために、持ち家の転売までやるって。ありゃ、医療と福祉のブローカーだな、さしずめ」

「すごいよねぇ。ブローカーっていうとちょっと危険な感じがするけど、普通の人だしねぇ」

「そう。ちゃんとしたビジネスマンに見えるしな。ま、そうじゃなきゃ医者とか弁護士とかと対話できないだろうけど」

悠子は思った。あの日あの時、思い切って神崎に電話して本当に良かったと。あの日から、夫も自分を気遣ってくれるように変わったのだ。あの日から、いろいろなことがすべて好転しているように思えてならないのだ。


数日後、悠子は神崎とともに区役所を訪れた。住民課で義母の世帯を分離するのと、後期高齢者保健課と介護保険課で、限度額認定の申請をするためだ。義母の所得状況を提出する必要があったため、税務課にもまわり、ものの1時間で手続きを済ませることができた。
2、3週間で認定証が届くらしい。そうすれば、今後、医療費も介護費も上限1万5千円で済むということだ。ありがたい話だ。
帰り道、悠子は神崎を誘って喫茶店に入った。

「どうです？　お母さまが入院されてから、ご自分のリズムを取り戻せましたか？」

「ええ。少しずつですけど。あれから胃腸科で検査したんですけど、胃がボロボロの状態だったみたいで…」

「そうですか。でも、少しずつでも本来のあなたに戻っていけるよう祈ってます」

「ありがとうございます。神崎さんのおかげです」

「いいえ、とんでもない。わたしはこれが仕事ですから」

どちらからともなく、ふたりは顔を見合わせて微笑んだ。

「ご主人とメールでやりとりしてるんですが、聞かれてますか？」

「あっ、はい。退院後のことですよね。かなり無理な条件を出して、神崎さんに候補物件を探していただいてるって」

「それはよかったです。ご夫婦で何でも情報を共有して、おふたりともが納得して話を進めていくこと。それがいまの悠子さんにとって、いちばん重要なことだと思いますよ」

「ええ。主人が昔に戻ったみたいで、なんか不思議な感じがしているんですよねぇ。何かこう丸くなったというか…」

「角がなくなった?」

「はい。本当にそうなんです。もう怖いくらい」

「いいことです。ご主人は小さい頃にお父さまを亡くされて、ずっとお母さまに手塩にかけてこられたとおっしゃっていました。今回の件は、ご主人も相当おつらい決断だったはずです。そこも悠子さんがわかって差しあげて、ご主人はご主人で、悠子さんのこれまでの苦労をねぎらってあげる。そんな関係で、この先もずっとタッグチームを組んでいってくださいね」

「ありがとうございます。神崎さんって…」

「?」

「いいえ、そのぉ…」

「何でしょう?　はっきり言ってください」

「神崎さんのお話を聞いていると、なんだか金八先生の授業みたいな気がして…」

「ですかねぇ。実は、何十人もの方から同じことを言われてきました。私自身は、金八先生とやらを見たこともないんですけどね」

「やっぱり!　そうですか。でもこれ、褒め言葉ですからお気を悪くしないでくださいね」

「はい、もちろん。褒めていただいてうれしいです、ホント」

ふたりの笑い声が響く。しばらく前は、自分がこんなふうに楽しくおしゃべりできるようになるとはまったく考えてもみなかった。悠子はにこにこしながら紅茶をすする神崎をそっと眺めた。

別れ際に手渡された封筒を開くと、そこには、夫が提示したと思われる条件に適う十数件の候補物件が記されていた。悠子と会う前に、夫にもメールをしてくれたという。

夫が出した条件は、「予算は月額15万円まで」・「エリアは最西で京王線の相模原まで」・「日中、部屋で一人きりになることのない環境」の3つだった。

神崎メモには、有料老人ホーム、グループホーム、ケアハウス、老人保健施設の4分類で、全部で14物件の情報が記されていた。

さらに、「仮に月額10万円までで抑えるとしたら」という前提付きで、老人ホーム・グループホームであれば中央線の奥多摩まで範囲を広げれば可能。ケアハウスだと低所得者や生活保護受給者が優先されるためかなり困難。老人保健施設ならば都内で何とか見つけることができそう…と補足されている。

最近は極力早く帰ってきてくれる夫の帰宅を待って、夫婦のミーティングが始まった。基本は老人保健施設という夫のスタンスに、悠子も賛同した。テーマが何であれ、夫の晩酌をしながら、こうして夫婦ふたりで協議する時間が、悠子には何よりもうれしかった。夫は、「明日、神崎さんにメールしておくからさ。月が変わったら、土日にいくつかの物件を見て回ろうかと思ってるんだ。キミも来てくれるよね」

「はい、もちろん」

「終のすみかって言うのかな。こういうのも何かいろいろトラブルとかあるみたいだよね。だから、神崎さんにもついて来てもらえたらって考えてんだけど…どうかな？」

「そうね。そのほうが安心だよね。わたしたちだけじゃ、どこをどう見ていいのかもわからないといけないしね」

「だな。それも明日頼んでおくよ」

　夫に勧められ、久々に赤ワインをちょっとだけ飲んだ。義母には済まない気持ちもあるが、悠子は「いま自分は、この人と一緒に生活をしているのだ」という実感に包まれていた。夫婦っていいな。そんなことを考えながら夫の横顔を覗きこんだ。


　義母の入院から1ヵ月が経過した。この間、様子を見に行ったのは数回だが、基本的には病棟の看護師や相談員に頼んで、タオルや衣類、ちょっとしたお菓子などを預けてきただけだ。悠子ひとりで面会に出向き、もしかして義母が「家に帰りたい」などと言い出した場合を考えてのことだった。

　神崎のアドバイスもあって、面会に行く場合には夫婦そろっていくことにしようとあらかじめ決めておいたのだ。

「奥様はとても気心のやさしい方です。かりにお母さまにすがられでもしたら、ご自分を犠牲にしてでもお母さまの意向を汲み取ろうとしてしまうようなところがあります。そういう方が介護に疲れ果ててしまった場合に、世の中で起きている悲惨な事件に発展してしまう場合が多いのです。奥様を守ってあげられるのはご主人しかいないんです。そのことは忘れずにいてあげてください」

和彦は神崎の言葉をしっかりと受けとめ、以前のように悠子だけに負担をかけることがないよう自分に言い聞かせたのだった。

ふたりで面会に行くと、義母は大体がうつ状態であったが、そんな時でも食べ物だけはねだってきた。

「おかあさん、お昼はまだなのぉ」

たまに差し入れを持っていくと、それこそムシャムシャと頬張ってみせる。正直、この光景を見ずに済む今の生活がありがたいと、悠子は思っていた。和彦も、日々刻々と壊れていく母親を憐れに思いつつも、これしかなかったのだと自分に言い聞かせようとしていた。

別れ際に声を荒げることもあったが、義母の入院生活は想像以上に無難で落ち着いたものだった。これが現代医療の、というか、薬の威力なのだろうか。こうして少しずつ少しずつ最期の瞬間に向かっていくものなのかもしれない。そしていつも、ふたりは異口同音に確認し合うのだった。

「子どもたちのためにも、俺たちがああならないように気をつけなくては」と。

神崎の勧めもあり、気分転換および勉強の意味も兼ねて、終のすみかの見学に出向くことになった。あれこれ検討した結果、京王線の橋本駅に程近いグループホームと老人ホームをひとつずつ訪ねることにした。

段取りはすべて神崎が仕切ってくれていた。グループホームでは、認知症と思われる高齢者たちが居間に揃ってお菓子を食べながらテレビを眺めたり、絵本をいじったり、職員がタオルをたたむのを手伝ったり。神崎が言うように、まさしく共同生活といった感じで、入所者たちにも施設に入れられているという感覚はまずないのだろうと思えた。

買物や掃除、それに食事の支度まで、みんなで分担しながら作業するのだという。もちろん、職員がそばで見守っているそうだが、ひとりひとりの残存能力を発揮してもらいながら、主体的に生きるという意識を持たせようとしているのだと、施設長なる女性が話してくれた。

ちなみに、月額費用は家賃と食事代等を併せて15万円。医療と介護の実費を入れて18万円といったところか。神崎が見学物件としてここを選んだのは、グループホームの経営母体がクリニックだからだそうだ。義母が足腰に不安を抱えていること、血圧と糖尿の薬を欠かせないことに配慮して、何かあったときに24時間対応してくれる医療機関がそばにあったほうがいいだろうというのが理由だった。

続いて訪れた老人ホームでは、昼食後の食堂で十数名の入所者がテレビの前で座っていた。そう。ただ、座っていた。少し離れたテーブルで、職員が数名、ミーティングか何かを行っているようだ。中には時折、奇声を発する高齢者もいて、グループホームと比べるといかにも「施設」という感じがした。

案内をしてくれた相談員が言うには、全18居室中12室が埋まっており、明日からでも住まうことができるとのことだった。

神崎が緊急時対応の流れや費用の内訳を確認している間、悠子と和彦は入所者が集っている方向に近づいた。言葉を交わしてみたいと思ったからだ。

「こんにちは〜」

和彦が第一声を放つのと、相談員がすたすたと駆け寄ってくるのがほぼ同時だった。

「ごめんなさい。みなさん、体調的な面で、面識のない方とのお話は控えていただくことになってるんですよぉ〜」と言うや、ふたりは入所者たちから引き離され、神崎ともども応接室のほうへと誘導された。

それから30分ほど、相談員が説明をしてくれたようだが、そちらは神崎に任せ、悠子と和彦は手元のパンフレットをいたずらにパラパラさせて時間を潰すのだった。

帰りの車のなか。話題はもっぱらさっきのことだった。

「あれって、やはり入所者に批判的なことをしゃべられたくないからなんですかねぇ」

「そうとしか考えられないわよね。あれだけで、自分の親を入れようとは思わなくなりますよね」

「まったくです」

和彦と悠子は相当がっかりしたようだった。

そんなふたりをなだめるように神崎が言う。

「だから、現地を見ておく必要があるんですよね。大手企業が経営しているというだけで、パンフレットやホームページの美辞麗句だけを信じきってしまう人たちが後を絶たないんですよ。過度の期待をさせてしまうんですよね。

ダマす、というのとはちょっと意味合いがちがうのですが…。やはり、物件側としては、具体的に質問をされない限りは、あえて不利益になるような話はしてきませんからね。でも、急を迫られて焦って探そうとすれば、入居者側もなかなか本質を見抜けないというのが実際のところでしょうねぇ。

その結果、結構バラ色の未来を描いて入ってしまう方も多いのですが…。結果としては、契約して親を入れてしまってから、こんなはずじゃなかったと後悔するケースが多いですね」

和彦と悠子は顔を見合わせながら聞き入っていた。

「しかし、正直、おふくろがああいうところに入って暮らしているイメージがまったく湧かなかったですね」

「そうお感じになられた最大の要因は何だったでしょうか？」

和彦はちょっと考えてから口を開いた。

「うちのおふくろも大声を出したりしますけど、もっと症状の重たい人たちがかなり居たようでした。ああいう中におふくろを放りこむというのがちょっと…」

「わかります。お母さまがどんどん悪くなってしまいそうに思われるんじゃないですか？　あんな環境で暮らしていくと」

「ええ。そうですね。あれだったら、まだ病院にいたほうが救われるかなと」

「奥様はどう思われますか？」

「やっぱりグループホームのほうが生活する場所っていう感じがあって良かったですね。老人ホームのほうは、何かこう機械的に流されていくような感じがして、何か哀しい気分になってきました」

「だよな。老人ホームっていうのは、みんなあんな感じなんでしょうかねぇ？」

「もちろんピンキリですが、むずかしいのは、金額的に高いからといってサービスがいいわけではないということです。経営母体が大企業だからいいというものでもない」

「たしかに、大企業がやっている施設の不祥事が頻繁に報道されていますもんねぇ」

悠子は運転しながら、バックミラー越しに夫と神崎のやりとりを覗いている。

「金額が高い物件というのは、たしかにハードウェアは豪華な感じがすることは多いですね。でも、ソフトウェアには相関関係がまったくない。そう考えたほうがいいですね」

「しかし、それって」

そこまで言って和彦は手を叩いた。

「要は、ハードウェア、つまり、建築費にお金がかかっているにすぎないと」

「だと思います。いくら毎月高いお金を払っても、現地で働いている職員の人件費として使われることはないんですよね」

「なるほど、なるほど」

「それと、介護業界というのは相対的に賃金が低くて、離職率がとても高いんです。大手が資本力にモノをいわせてどんどん拠点を増やしても、いい人材を確保することがとてもむずかしいんです。休日や夜間になると、エエ～っと叫びたくなるような職員だっていますからね」

「はぁ～。そういうことかぁ」

「ですから、とりあえずご主人の希望条件に合致する物件をピックアップしたわけですが、やはり実際にご自分の五感で確かめることが大切です。それと…」

神崎が口をつぐみ、和彦と悠子は同時に神崎の顔を見た。

「そもそも、あまり期待しないことですね。現地見学で相談員に好感を持ったとしても、実際にお母さまがそこで暮らしてみると、まずまちがいなくその相談員はそこにはいないのです。他の職員にしても、あの人、感じいいわね…と思った職員がすぐに辞めてしまったりする。

だから、本当に期待しないほうがいいんです。極端な話、雨風が凌げて、食事とお風呂がついている。で、まぁ、質はともかく、24時間だれかは居てくれる。自宅で介護するよりは家族も救われる…。

ちょっとイヤな話ですが、そう割り切って考えるようにしないと、後々、心苦しくなってしまう確率が高いというのが実態なのです」

「……」

夫婦は沈黙した。自分たちの生活のために母親にがまんを強いるしかないということなのか…。そんな気分に襲われたからだ。

「なので、老人ホームもまだ候補は残っていますが、私的には、グループホームか老人保健施設の可能性が高いのかなとは考えています。しかし、最終的に判断するのはおふたりですからね。こうやって現地で物件の実際を見て回ることは決して無駄ではないと思いますよ。

そりゃあ満点かどうかはわかりませんが、お母さまに少しでもベターな行き先を探して差しあげようと、おふたりで時間とお金をかけて動いているわけですからね。こうやってお母さまのためにかける時間と手間。このプロセスがいつかきっとお母さまにも伝わると、私は思っているんです。

だから、少なくとも5つ6つくらいは現地を見て、納得いくまで質問をして、お母さまがそこで暮らしているイメージが湧いてくるかどうか。しっかりと見極めていただきたいと思っています」

悠子はうなずきながら聞いていた。和彦も真剣な表情で言葉を繋げる。

「神崎さん、本当にいろいろと教えていただいて感謝します。ありがとうございます。引き続き、よろしくお願い致します」

改まって頭を下げる和彦につられて、悠子も運転しながら、バックミラーに映る神崎に眼差でお礼を告げた。

義母の入院は2カ月を過ぎた。原則として2カ月が入院期間の限度ではあったが、神崎のバックアップもあり、期間を延長してもらえている。

相談員に対しては、「なかなか金額的に条件に見合う物件がなく、徐々に都下のほうまで対象を広げている。多少遠方になったとしても、近々必ずハッキリさせるので、もう少しだけ猶予をいただきたい」といった主旨のことを、神崎も含め、3人三様に伝えていた。

その甲斐あって、もう1カ月、入院の延長が認められたのだった。何から何までが、神崎の読み通りに進んでいた。最長であと2カ月はこのままでいけそうだと、神崎は予測していた。

ギリギリまで入院を引っぱって、土壇場で老人保健施設を紹介してもらうのが作戦だった。

あのあと、さらに老人ホームを3件、グループホームを4件見学する機会を持ったものの、結局、老人ホームに適当な物件はなかった。グループホームについては、やはり医療法人が経営する物件がひとつあったのだが、月額15万円を超えてしまうという点がネックとなり、和彦は結論を出せずにいたのだ。そこへ神崎から提案があったようだ。

その晩、和彦から聞かされた話はこうだ。

「今日、神崎さんから電話もらってさ、帰りにちょっと会ってきたんだよね」

「へぇ～。飲んだの？」

「ま、軽くね。でさ、なかなか決めかねているようだけど、お金のことがネックなのであれば、ひとつ提案があるって」

「提案？」

「ああ。神崎氏が言うには、例の中間施設？　老健っていうらしいけどさ。老健は中身は違うけど、知らない人が見たら、病院なんだって。現に、医者も看護師も常駐してるんだ。ただ、基本的に病院に入院してた人が自宅とか老人ホームとかに移るための準備施設？　要は次の行き先に移るまでの間、リハビリとかをやるイメージだな。そういうのを中間施設っていうみたいだね」

「わたしも、そんな話は聞いた記憶がある」

「そうか。それでさ、老健が中間施設っていうのは建前でさ。結局、最後の最期まで老健で過ごす人も多いらしいんだよね」

「あっ。だんだん思い出してきた。で、しかも、安いんでしょ？」

「そのとおり。おふくろのケースなら10万円はかからないって！」

「あのさぁ、あのぉ、あれあれ」

「なに？」

「ええっと、ちょっと待って。あれ、もらったじゃない？」

「なんだよ、あれあれって」

ふたりは顔を見合わせながら吹きだした。

ついに悠子が思い出す。

「ほら、お母さんの世帯を分けたじゃない、区役所行って。それで、限度額認定ってやったでしょ？」

「いや、あんま良くわかんないけど」

「もらったのよ、保険証とおんなじようなものなんだけどね。神崎さんが区役所で手続きして。でね、お母さんは、いくら医療や介護を使っても月額1万5千円だけ払えばいいんだって」

「すごいじゃん」

「だって、そのために世帯を分けたんじゃないのぉ?」

「う〜ん。ま、よくわかんないけど、いいや。そうなんだ」

「そうだよ、きっと。最後の最後でこうなってもいいように、ああいう手続きをしてくれたんだよ、きっと」

「だから、10万円で収まるわけか!」

「きっとそうだよ!」

ふたりは遠足前夜の小学生のようにはしゃいでいた。悠子も和彦も、ちょっぴり幸せな気分に浸っていた。

義母の入院から3カ月半が経過していた。悠子と神崎は、入院病棟の面談室で相談員と向き合っている。神崎が切り出した。

「かなりの数の物件を見て回ったのですが、なかなか予算内で収まるところが見つからない状況です。南九州とか北陸のほうですと、だいぶリーズナブルな物件があるのですが…」

相談員いわく、

「ご予算はどれくらいを想定されているんですか?」

打ち合わせ通りに悠子が口を開く。

「お恥ずかしいんですが…月額12万円くらいでと思ってるんです」

「そうですかぁ…」沈黙。

相談員も、予期せぬ低い予算に驚いているのかもしれない。しかし、これこそが、神崎の描いたシナリオなのだった。

「なかなか、その金額ですと、やはり都内でというのはむずかしいかもしれないですねぇ。こちらの病院でもご紹介できる施設があるのですが、どうしても月額20万円はくだらないという感じでして…」

ここで神崎が恐縮したような面持ちで口を開いた。

「ご相談なのですが…。これまでいろいろと調べたり、現地を見学したりとかなりやってきて、ある程度ローカルの物件で決めざるを得ないという認識をしているんです。ただ、親戚とかとの関係もありまして…。物件探しと同時に、理解や協力を得るためにいろいろと調整する必要もあるんですよね」

「それはそうでしょうねぇ」

相談員がこちらを気遣い、気の毒そうにうなずいた。

「そこでなんですが…。例えば、最終的に物件を確定するまでの間、何と言いましっけ、入院患者さんが自宅復帰するまでの中間施設で…」

「ああ、老健…ですね」

「ああ、そうでした。その老健とかにあと1・2カ月、お世話になるという方法はないものでしょうかねぇ？」

「老健はおっしゃるように、自宅に限らず、次の住まいに移るための中間施設です。なので、数か月後には出ていただくという前提でのご紹介になってしまうんですよねぇ」

「はい。当然そうだと思います。あくまでも早期に行き先を探すというのが大前提です。その上で、ご紹介いただける老健があれば、私たちも大変助かるのですが…」

悠子は、うつむきながら、ふたりのやりとりをじっと聞いていた。すると、相談員はしばし考えるような素振りをした後、こう言った。

「そういうことであれば、私どもが患者さんを紹介している老健が何か所かありますので、空認知症病棟の入院期間は原則2ヵ月。例外があっても3ヵ月が限度。入院時点でそう告げられていたにもかかわらず、それよりも丸々1ヵ月も長く入院させることができた。

そして、グループホームや老人ホームではなく、医療もそろっている老人保健施設へと転院することができた。並行して手続きをしておいたおかげで、毎月の支払いは9万円を切る。しかも、医療費と介護費の自己負担額の限度額を超えた分が2万円程度返金されるため、実質的には月額7万円で済む計算だ。

退院はおろか、次の行き先についてたずねられたこともない。現に、かなりの患者さんたちがこの老健、もしくは隣接する病院で最期を迎えるという話を職員が教えてくれた。だとすれば、和彦と悠子は、すべて神崎が提案してくれたシナリオのまま、義母のエンディングを迎えき状況を問い合わせてみましょう」

相談員の言葉に耳を傾けながら、悠子は思った。

「ああ。結局また、神崎さんが言ってた通りになったんだわ」

こうして、義母を入院させてからちょうど4か月後、入院先の病院からの紹介という形で、東京郊外にある老健に義母を移した。この頃になると義母もかなりおとなしくなり、かつてのように感情を露わにすることもなくなっていた。

それだけ心身が衰弱したということなのかもしれないが、悠子としては、やはりこうなったことから得る安心感のほうがまさっていた。

歳月は流れ、義母の老健での生活は、もうじき丸3年を迎えようとしている。

ることになるのだろう。

なにも神崎が、医者や相談員たちに嘘偽りを言ったということはただの一度としてない。純粋に悠子と和彦の要望を汲み取って、横に居てそれを伝えてくれただけだ。しかし、もしも、神崎のような存在と出会えなかった人たちは、悠子たちのように視界が開けるということはなかなかないのではないか。

やはり、医療や福祉の世界で、本当に欲しい情報やサービスを確保するには、それ相応のお作法が必要なのだなと、悠子は思うのだった。

悠子にとって、あの苦しかった半年間は忘れられない時間である。自分の置かれた状況に絶望を感じ、わらをもすがるように電話をかけたとき、こんな日を迎えられるとは想像もしなかった。

こむずかしい理屈ではなく、とにかく目の前で起こっている問題を解消してくれたという意味で、神崎は悠子にとって救世主なのだった。

悠子は、今でもときどき、神崎が最後に話してくれた言葉を思い出す。。

「今回のご経験は、きっと20年後くらいに生きてくると思いますよ。それはおふたりのお子さんたちにとっても良いことのはずです」

神崎の笑顔と声を思い出しながら、悠子は遠くを見るように、フーッとひとつ息をした。

◆エピソード2　もの盗られ妄想の母に疑われる日々

「お母さまの様子がおかしいなと思われたのはいつ頃でしょうか？」

「今年の正月ですかね」

「どんな感じだったのですか？」

「それが…」

「それが？」

社会福祉士の神崎は、相談者である男性の言葉を反復した。一方の杉本は、ちらっと窓の外に目をやって、ためいきをひとつ吐いた。

そして、意を決したように口を切る。

「おせち料理なんです」

「おせち料理？」

「はい。昨年の秋に父がなくなりまして。今年は母と私の二人だけということもあって、デパートでおせち料理を注文したんですよね」

「ああ、あのお重が三段とか五段になった豪華なあれですね？」

「そうです。あれです」

「あれ、高いでしょう？　数万円しますよね、たしか」

神崎は屈託のない表情で身を乗り出した。

「そのおせち料理が？」

「ええ。家にいる時は、大体、母が1階の居間、私は2階の自室にいることが多いんですが、たまたま下に降りて行ったときに、母の奇妙な行動を目にしまして…」

「息子さんからすると、お母さまがちょっと不可解な行動をしていたと？」

「はい。あのう、こう、伊達巻とかかまぼことかをですね、直に手でつかみながら何度も並べかえているというか、お重から出し入れしているというか…」

杉本はジェスチャーをまじえながら、神崎に意図を伝えようと必死だった。

「整理整頓しているような感じですかね？　しかも手づかみで」

「…なんですよねぇ」

「ほう。それで、息子さんはどうされたんですか？」

「思わず言いました。おふくろ、何やってんだよ。手でそんなことしたら汚いじゃないかって」

「でしょうねぇ。そうしたら？」

「そうしたら、母が飄々とした感じで言うんですよね。あら、そう？　だってキチンとしないと気持ち悪いって」

「なるほど。微妙に隙間が空いていたり、食材ごとに向きが統一されていないとスッキリしないという感じなんでしょうかねぇ」

「たぶん、そうなんですかねぇ。ただ、そう言いながら、ベトベトになった手指を舐めてですね、また同じように繰り返すわけです」

「伊達巻やかまぼこを…」

「はい。たしかに母は昔からきれい好きではありましたが、行儀作法にはうるさくてですね、食べものを手でつかむなんてことをしたら、こっぴどく叱られたものなんです」

「しっかりと躾をなさるお母さまだったのですね？」

「はい、それはもう厳しいくらいに」

「息子さんとしてはびっくりされたでしょうねぇ」

か?」

ここ二日、神崎のホームページや著書で情報を集めてみたのだが、偶然にも神崎が大学の同窓ということがわかり、思い切って悩みを打ち明ける気になったのだった。第一印象も悪くない。

話しぶりにも好感が持てる。杉本は母のありのままを語りだした。

「はじめのうちは、母も歳を取ったんだな〜くらいにしか思わなかったんです。ちょっとショックだなぁくらいにしか。そんな状況が数か月続きましてね。でも、4月になって、仕事中に私の携帯に母から電話があったんです。泥棒に入られたって」

「家に泥棒が入ったと…」

「はい。で、本当? 何か盗られたものは?そう訊くと、通帳と印鑑を全部やられたと。こ

「かなりの驚きでした。で、その場は母にタオルを渡して、不衛生だからお箸でやんなよと言って終わったのですが…」

「それ以降もいろいろとあるわけですね?」

杉本はこの7ヵ月のあれやこれやを回想しながら、またひとつ、大きくためいきをつく。

1週間ほど前に、たまたま立ち読みした週刊誌に認知症の特集が出ていた。そこで解説コメントを出していたのが、いま目の前にいる神崎だった。神崎がやっている24時間対応の電話相談の番号を書きとめておいた杉本が、仕事の合間を見て、意を決して電話したのが一昨日。それを受けて今日、神崎のオフィスに相談に来たというわけだった。

「可能な限りでいいですので、なるべく時系列に、何があったのかを教えてくださいます

れから交番に行ってくるって言うんです。そりゃ大変だと、私も仕事を早退して帰宅したんです」

「それは気が気じゃないですよねぇ」

「夕方、家に帰って、おふくろ、大丈夫か？そんなふうに叫びながら今に飛び込んでいったらですね」

「一刻も早く状況を知りたいですものねぇ。血相を変えてお母さまのところへ飛び込んでいった…」

「はい。ところが、母はあっけらかんと言うんですよ。『あら、武史。どうしたんだい』って」

「そういうことですか…」

「ええ。あの日からです。泥棒が入ったとか、全部やられたとか、そんな電話がひっきりなしにかかってくるようになったのは」


神崎がゆっくりとした口調で言った。

「ご存知だとは思いますが、モノ盗られ妄想というやつでしょうねぇ、認知症の」

「はあ」

「頻度としてはどんなもんでしょう？」

「最初のうちは3日に1回程度だったのですが、ここ1カ月はほぼ毎日です。しかも、交番や銀行に駆け込むようにもなりました。

おかげで、駅周辺では、いまやちょっとした有名人です。交番も銀行も、私の携帯に連絡してくるようになりました。また、お母さまが来ていると」

「それは大変ですねぇ。しかもお仕事中ですものねぇ」

「ええ。それとは別に、私の携帯にもじゃんじゃんかかってきます。仕事中は出られないこともあるじゃないですか。後で着信履歴を見ると、もうすごいことになってます。おふくろ・おふくろと、数分の間に何十回もですから、ちょっとゾッとするくらいです」

「お気持ちはよくわかります。典型的な認知症の初期症状ですね。ところで、もうお医者さんには診せました？」

「何度か連れていこうとはしたんですが、絶対にイヤだと言ってきかないんです。最近は別人のように怒り出すようになって、ちょっと手がつけられない状態です」

「お察しします。そんな時、息子さんはどうされるんですか？」

「いやあ、こんなこと言うと軽蔑されてしまうかもしれませんが…」

「そんなことありません。そうとう苦しんでらっしゃると思いますので」

「はあ」

「正直、そのような状態のお母さまと、よく何ヵ月もひとつ屋根の下で耐えてこられたなと驚いているくらいです」

「そう言ってもらえると、多少、救われる気がします」

「全部お話しください。変に取り繕われても、逆に然るべきアドバイスができませんから」

「そうですよね。申し訳ないです」

神崎がうなずきながら、黙って微笑んでいた。

「週に2、3回くらいでしょうか。息子である私を疑って問い詰めるんですよね。アンタが盗ったんじゃないかって」

「そうですか」

「しかも、『アンタ』ですからね。信じられません。母があんな口を利くなんて」

「そんな時はどうするのですか？」

「最初は冷静になだめようとするんですが、母がエキサイトしてくるものですから、最後は私も感情的になってしまって…」

「でしょうねぇ。血を分けた肉親であればこそ、なおさらそうなってしまいますよねぇ」

「時には、夜中に私の部屋まで来ましてね、気配を感じて目を覚ますと、母が幽霊みたいな感じで、ボーッと立って、横になっている私の顔を見下ろしているんです。『どうしたの！』と言うと、『武史、大変なことになった。ぜんぶ持って行かれた。警察に届けに行かなきゃ』って具合です」

「それは驚きますよねぇ」

神崎は杉本を観察しながら、しっかり者だった母親の変わりようと、そんな母を受けとめられずにいる自分への歯がゆさに困惑しきっている様子を察知した。相談者の非常ベルが鳴っているのが聞こえるような気がする。

「結構しんどくて…。藁をもすがる思いで電話してしまいました…」

「でも、お電話いただいて良かったと思います。本当であれば、おせち料理の頃にお目にかかれていれば、息子さんがここまで追い込まれることはなかったと思いますが…」

杉本がハッとしたように顔を上げた。

「追い込まれる…？」

「あっ、ごめんなさい。ここまでお話を伺っていて、私には『助けてくれ、もう限界だ』というSOSが聞こえてきたものですから」

「限界…、SOS…」

神崎がゆっくりと首を縦にくゆらせながらやさしく微笑んだ。

「わかったようなことを言って申し訳ないのですが、10年もこんな仕事をしていると、何となくわかってくるんですよね。相談に来られる方たちの切羽詰まり具合が」

「……」

「哀しくて情けなくて、つらくてもどかしくて、もはやどうしていいのか考えることすらできない…。そんなところまできてしまっているのではありませんか？」

「……」

「これまでに、どなたかにご相談されたことは？」

数秒おいた後、かぶりを振る杉本の目が滲んだと思うと、間髪入れずに大粒の涙がこぼれ出した。かろうじてズボンのポケットから取り出したハンカチで涙をすくいとりながら、杉本が声をしぼる。

「母と言い争っていて、母が、気が狂ったように罵る姿を目の当たりにするうちに、こんな母など死んでしまえばいいと…。そう思っている自分に気づいたんです。私は…ひとでなしです」

ここまで言うと、杉本は嗚咽し、『すみません』と繰り返しながら、どうにも涙が止まらなくなった。

「気にすることないですよ。自分を産んで育ててくれたお母さまに対して、いくら別人になってしまったとは言え、そうした感情を抱いてしまうなんてとんでもない。自分が信じられない。許せない。情けない。そう感じて自分を呪いたくなるのも当然のことです。

ここには、杉本さんと私のふたりだけです。思いっきり、お気の済むまで泣いてください。そうすることで、澱のようなネガティブな感情が洗い落とされるはずですから」

どれほどの時間が経過したのだろう。ふたりが向き合うテーブルには、神崎が差し出したティッシュボックスのかなりの分量が、ゴミの花となって咲いていていた。

「いやあ、神崎さん、申し訳ない。散らかしちゃって…。もう大丈夫です」

「本当に？　遠慮は無用ですよ。ひと箱使い切ってしまう方だっていますからね」

神崎の包容力に救われる思いがした。

「初対面にもかかわらず、言いづらいことまでお話しいただいてありがとうございました。差し支えなければ、私が感じたことを少しお話ししてもよろしいでしょうか？」

「あっ、はい。是非、お願いします」

神崎はグラスの麦茶をひとくちすすると、ゆっくりと話しはじめた。

「はじめにお断りしておきますが、ご承知のように、わたしは認知症の専門医ではありません。当然、医者でもありません。ですから、今から申し上げることは、認知症もしくは様子が変わってしまった方のご家族から相談を受けて、さまざまなケースに関わってきた経験則です。

専門医が検査データに基づいて診断を下したり、治療や処方を決めたりするのに対して、私の場合は、これまでのケースを参考に、傾向と対策をご提案するということです。この点だけは、あらかじめご理解ください」

「わかりました」

神崎は笑顔でうなずくと話を続ける。

「率直に申し上げますが、お二人はかなり危険な状況だと感じました。何よりも、ご子息である杉本さんが耐えてきた時間が非常に長い。問題行動を伴う認知症の方と毎日顔を合わせる生活は、ふつう1ヵ月ともちません。

特に、誤解を恐れずに言わせていただくと、母ひとり息子ひとりのケースがいちばん危険です。いわゆる老老地獄というのも、この組み合わせがもっとも悲惨な結末がまっていることが多いと思っています。

母親と長男のたどる歴史は、他の組み合わせと比べてはるかに濃密なものです。それゆえに、一旦おかしくなると、仲の良かったときの反動で、哀しい事件に発展してしまうのです。ですから、杉本さんのケースでは、日々直面しているお母さまの問題行動の緩和を図りつつ、おふたりが離れて暮らす準備に取りかかるべきだというのが私の結論です」

杉本が身を乗り出すように神崎の次の言葉を待つ。

「具体的には…、ふたつのことを同時並行で進めていきます。ひとつは、お母さまに精神科のもの忘れ外来を受診させること。で、初診の段階から入院の流れを作ってしまうのです。

もうひとつは、通院しながら、つまり、入院できるまでの間、問題行動を抑えるためにカウンセリングをやってみましょう。私どもでできるのはこんなところです。しかし…、これが杉本さんにとってベストな選択肢だと言い切ることができます」

神崎の真剣なまなざしのなかに、杉本は自分の姿を見ていた。10秒ほどのアイコンタクトがあって、杉本がちらっと腕時計に目をやってから口を開く。

「神崎さん。私は今日、はじめてお目にかかって、そして小一時間、話を聞いていただいて、神崎さんに助けてほしいと決めました。私がこれから何をどうすればいいのか、是非、教えてください。神崎さんとこうして巡り合えたのは、やはり意味があるのだろうと思うんです」

「そうですか。ありがとうございます。お母さまはの症状は典型的な認知症の初期症状です。そして、残念ながら、快方に向かうことはまずありません。息子さんの顔がわからなくなる前に、事を進めておくべきだと思います。

まず、医者に診せる件ですが、何度かトライされて断念したとおっしゃいましたよねぇ。お母さまが普通の状態の時に、私がお目にかかる機会を何とか作っていただけませんかねぇ？」

「そうですねぇ…」

考え込む杉本に、神崎が続ける。

「よくやるのは、私が杉本さんの親しい友人という設定にして、どこかで杉本さんとお母さまにバッタリと出くわす。その時に、私どものイベントにお誘いする。で、おふたりで参加していただいて、その流れの中で、認知症チェックとか健康診断とかに行かれることをお勧めする。

もちろん、あらかじめ、もの忘れ外来をやっている医療機関を調べて予約も入れておきます。その際には、なんなら私も同行します。まぁ、大体はこんなステップで受診させることができると思います。これまで30数回、いちども失敗したことはありませんから」

「そうですか。私としては、どうなるかまったく読めませんが、神崎さんのおっしゃるようにやってみたいと思います」

「ありがとうございます。もの忘れ外来というのは、通常は月1回なんですよね。アリセプトという認知症の進行を鈍化させる薬と、あとは夜間ちゃんと眠ってもらうための睡眠導入剤。これを飲みながら様子を見るという感じなんです。

しかし、杉本さんのケースは、最初から入院前提で話を進めていきます。認知症の確定診断をもらうとともに、ご家族、つまり息子さんの置かれた苦しい状況を伝えて、ご家族をまもるためにお母さまを入院させてもらうように段取りします。

なので、はじめから入院病棟のある医療機関に行きたいですよね。もちろん、こちらで目星をつけますので、杉本さんに動いていただくことはありませんからご心配なく」

「そんなにすぐに入院できるものなんでしょうか?」

「このままでは息子さんがどうにかなってしまう。それはすなわち、お母さまにとっても危険なこと。いや、親子ふたりにとって危ないことだとキチンと伝えることができれば問題ないです。あとは、ベッドの空き状況の話で、その日に即、というのはむずかしいでしょうが、1週間から2週間あれば、ほぼ大丈夫。入院できるはずです」

「そうなると、ホント、助かります」

「首都圏であれば、認知症の入院病棟を抱えた病院はたくさんありますから、どこかには入院できます。安心してください」

「それと、入院するまでの間に、いくつかやっておかねばならないことがあります。大きく3つですね。介護認定を受けること。限度額認定を受けること。定期預金口座の普通口座への移管手続きをすること。

カウンセリングを3度ほどやるつもりなのですが、それを杉本さんのお宅でやらせていただければ、その折に、役所と銀行へご一緒させていただければ、そんなに時間をかけずに終わると思いますが、どうでしょうかねぇ」

「やっ、ちょっとむずかしくてよく理解できなくて…」

「これは失礼。ついつい自分のペースで話を進めてしまいました。ごめんなさい。

とにもかくにも、介護保険のサービスを受けられるようにしておくことは絶対に必要なのです。これがあるとホームヘルパーを呼んだり、デイケアやデイサービスに通ったりするときの費用が1割負担で済みますし、何よりも、これをやっておかないと、速やかに入院することができませんので必須なのです。

で、実は、介護認定というのを受けるためにも、主治医の所見をもらわないとダメなんです。この要介護認定の申請手続きと併せて、限度額認定というのをもらっておくと、これから先、月々の医療と介護の自己負担金額の上限が設定されて、要は杉本さんの懐が痛まないということですね。

女性の場合は100歳くらいまでザラに長生きしますから、月々のコストを少しでも下げる手立てを講じておいたほうが安心だということなんですね」

「へぇ～。そうなんですか…。私、何にも知りませんでした」

「いや、みなさん同じですよ。とくにお仕事を持たれている方は、大体がそうおっしゃいます。気になさらないでください」

「あと、定期預金の口座移管…ですか？」

「はい。これは、イヤな話ですが、ドライに済ませておかないと、後々、厄介なことになるリスクを孕んでいましてね。

認知症で、しかもお母さまのように、もの盗られ妄想のある方は、おそらく過去にお金にまつわるネガティブな経験をお持ちだと思うんです。そしてこの先も、お金のことで息子さんとの間でモメる可能性が高いです。伺ったお話では、すでに兆候が出ているんだと思います。

なので、お母さまが普通の状態でいらっしゃるときに、預貯金をはじめとするすべての資産は、お母さまにもしものことがあった際には息子さんが相続するのだということについて、言質を取っておくべきだということです。

理想は、生前に口座名義を変更してしまうことなのですが、いまの時代は実に厄介なんです。金額によっては贈与税が発生してしまったりしてね。なので、もっとも実際的なのは、お母さまの定期預金口座があれば、それらはすべて普通口座にしてしまうこと。そして、お母さまから通帳と印鑑とカードを預かって管理して差しあげる方向にもっていくことです。もちろん、暗証番号も教えてもらう必要があります。

で、認知症であろうがなかろうが、定期預金を普通預金に移管するためには、どうしてもお母さま本人が窓口に出向く必要があります。そうでないと、息子さんがいくら何を説明しようとも、銀行側は調査してからでないとダメだとか面倒なことを言ってくるわけですね。挙句の果てには、成年後見人をつけないとダメだとかね。そんなことやっているとお金と時間がかかるので大変なんです。

だから、ご本人、つまり、お母さまが意思表示できるうちに、親子そろって金融機関に出向いて口座移管をしてしまうのがいちばんスムーズなんですね。まあ、いざその時になって経験してみないと、その大変さ加減はご理解いただけないかもしれませんが…」

「なんとなく、わかるような気がします。泥棒が入ったとか騒いで、まさかアンタじゃないでしょうね、なんて言われたときは、ただもう怒り心頭という感じでしたが、冷静になってから考えたら、私に盗られたとか言って交番や銀行に助けを求めて行ってしまうかもしれないわけですからねぇ。

神崎さんのおっしゃるように、早め早めに手を打っておいたほうがいいのかなとは思いますよねぇ。ただ、具体的なやり方がひとりではわからないですもんねぇ」

「ですよね。ちなみにご兄弟は？」

「いえ、私、ひとりっこでして」

「それは良かったです。モメるんですよね、多くの場合。金額の大小にかかわらず」

「そうなんですか…」

「はい。哀しいものです。ついこの前までふつうに会話していたご兄弟・ご姉妹が、親の預貯金の配分でいがみあうというのはね。杉本さん、ひとりっこでラッキーだと思います。本当に」

「はあ。そうですか」

「ところで、ご自宅と預貯金の他に、お母さまがお持ちの資産はありますか？」

「いいえ。自宅は父が亡くなったときに私名義にしてしまいましたから、わずかな預貯金くらいしかないですね」

「そうですか。であれば、すぐに手続きは済みますよ。これまた良かったです」

神崎の話を聞きながら、杉本は、もうこの人に任せるしかなさそうだと感じていた。

「あと、今日さいごの確認なのですが、入院できたとしても、最後の最期まで病院でというわけにはいかないので、退院後のことなんですが。

実際問題として、もうお母さまとご自宅でふたりで暮らすということはないのではないかと思うのですが、そこのところはいかがですか？」

杉本はしばし沈黙して、大きくひとつ深呼吸をした。そして、大きくうなずきながら、「そうですね。それはむずかしいと思います」と、自分に言い聞かせるように言った。

「残念なことかとは思いますが、お二人にとって、それが得策だと私も思います。なので、少しずつ、退院後の転居先について検討しておいてほしいのです。いわゆる老人ホームなのか、グループホームなのか。

また、ご予算的には、月額いくら程度で考えたいのか。そのあたりは、また追々、お話を聞かせていただきたいと思います」

「そうですよね。わかりました。また、神崎さんにもいろいろと教えていただけると助かります」

「承知しました」

みなとみらいにある神崎のオフィスを出ると、目の前に大きな観覧車が飛び込んできた。杉本は両手を天に突き上げて、大きく伸びをした。思い切って訪ねてみて良かったと思った。何かこう、心が軽くなったような気がしてきたから不思議である。

神崎と別れる前に、週末の土曜に、早速、母と神崎を引き合わせることを決めた。横浜のデパートのフルーツパーラーで、偶然を装い、バッタリ出会うのだ。ちょうどその日の午後、神崎の会社主催でシニア向けセミナーがある。

神崎がふたりに是非とも参加してほしいと誘うという流れである。神崎のシナリオに乗っかることを決心した今、杉本はこの数か月間、胸の中に溜め込んでいた真っ黒い闇が、いくぶんか薄らいできたように感じるのだった。

「あれっ？　杉本じゃないか！」

約束のパーラーで母と早めのランチをしているところに、あらかじめ打ち合わせていた時間きっかりに神崎が現れた。

「よお、神崎」

予想外に演技派の神崎につられるように、杉本も返事をする。

「こちらは、奥さん？」

神崎がニコニコしながら母親のほうを見た。

「えっ！　バカ、おふくろだよ」

「だろうと思った。はじめまして。大学のときから杉本君にお世話になっています、神崎といいます」

「おふくろに話したことなかったかな？　彼とはゼミが一緒でね」

母親が口元をナフキンで拭いながら答える。

「はあ、武史がいつもお世話になりまして」

「あっ、いいえ。お世話になったのはこっちのほうで。でも杉本君はお母さん孝行なんですね。私も少し見習わないとダメだな」

神崎はかなりのなりきりようで会話を繋ぐ。

「そうだ。実は俺、言ったかな。医療関係のコンサルタントやっててさ。今日は午後から、このデパートの7階で老い支度のセミナーやるんだよね」

「へぇ〜。老い支度ねぇ」

「お母さん、もしお時間あったら、杉本君と一緒に来てください。90分程度ですが、医者の話とか、あと、私もちょっと話しますので。何かのお役には立つかもしれません」

そう言うと、神崎はチラシを2枚置いて去って行った。客観的に考えれば、カフェに入ってきて、たまたま出会った友人とおしゃべりだけして、何も飲み食いせずに店を出て行ったわけだから不自然極まりない。

しかし、杉本の母親はまったく不可解とは感じていないようだった。杉本は今のやりとりを思い出しながら笑いそうになるのを必死で堪えながら、母との会話を再開した。

首尾よく母親を連れだって、神崎のセミナーに参加した。シニアのための健康アカデミーと銘打たれたイベントで、医者による「シニア女性にありがちな8つの症状」と、神崎の「円滑な老後を阻む4つの壁」。他に、簡単なクイズとボケ予防体操で90分。30名近いシニアが熱心に聴き入っていた。

帰り際にアンケート用紙を置いていくのだが、杉本は母親の記入した内容を見てびっくりした。「最近、気になる症状があるか」という問いに対して、「もの忘れ」の欄にチェックをしていたからだ。

神崎も目ざとくそれに気づいたようで、

「お母さん、今回は無理にお願いしてしまって申し訳ありませんでした。内容はいかがでしたか？参加していただいて助かりました」

杉本は注意深く母親の反応を観察した。するとどうだろう。もっともらしく対応するではないか。

「とっても勉強になりました。あなたのお話はとってもわかりやすくって、お医者さんの話よりも良かったですよ、本当に」

「いやあ、そんなに言っていただくと恐縮しちゃいます。でも、アンケートのここ、チェックしていただいていますけど、心配ですね」

「ええ。もう歳ですからねぇ、いろんなことをすぐ忘れちゃうんですよ。認知症のお話も出てきましたけどねぇ、あんなふうになっちゃったらねぇ、さすがに困りますものねぇ」

杉本は自分の母親の知らない側面を見ているような気がして驚いていた。

「ですよねぇ。やっぱり少しでも自覚があるようであれば、転ばぬ先の杖なんですよね。大体のみなさんが、はじめの一歩で対応が遅れてしまうんですよねぇ」

「そうなんですか？　いやですねぇ〜、どうしましょう。うちもこの子だけなものですからねぇ、心配や面倒をかけたくないって、もうそれだけをね、考えてはいるんですけどねぇ」

杉本は、思わぬ展開に神崎を見た。

「実は私、認知症の学習療法士という資格を持ってまいしてね、認知症予防のお手伝いとかもやってるんですよ。杉本君のお母さんだったら、いつでも声かけてください。どんなことをすれば予防に有効なのかお話に伺うこともやぶさかではないですから」

「あら、まぁ、どうしましょう。ありがとうございます。是非、うちのほうへも遊びに寄ってやってください。お話を聞けたらうれしいわぁ」

「ありがとうございます。杉本君とも、また今度、飲みに行こうって話しているところなんで、近々お邪魔させていただきますので」

「はいはい、是非どうぞ。武史のお友だちなんて、それはそれは大歓迎ですからねぇ」

杉本は、自分のほうを見やりながら流暢に受け答えする母が信じられずにいた。こんな社交的な面があったのか。そして、こんなにもスムーズに、神崎のアプローチがうまくいってしまうことが、なにかドラマでも観ているような、キツネにでもつままれたような不思議な感覚で、苦笑いするしかできなかった。

それから4日後、神崎に言われたように、杉本と母親はS大学附属病院の精神科外来の受付前にいた。この病院で仕事を済ませたついでに、医者に認知症チェックをしてもらえばどうかという神崎の誘いに、意外にも母親がこう言ったのだ。

「せっかく武史のお友だちが言ってくださるんだからねぇ、断るのもなんだからねぇ」

それを受けて、その日、もの忘れ外来を受診した後、神崎はそのまま杉本の家に寄る運びとなったのだ。

神崎はこの日の予約を入れてくれたばかりか、杉本親子が到着する前に、担当医およびメディカル・ソーシャルワーカーなる専門職にネゴを完了していた。つまり、杉本家の状況を伝え、母子を物理的に引き離さないと危険であることを認識させ、診察した上で、可能な限り早期の入院ができるようにサポートしてほしいと念押ししていたのである。

診察室では、予想通り、母の認知症が確定された。本人には、前頭葉の一部に萎縮が見られるので、予防的な意味合いで薬を出しておく旨の所見と、1カ月後に再度の受診をするよう指示が告げられた。

「おふくろ、よかったじゃないか、早めにわかって」

杉本の言葉に、母は頼りなさげにつぶやいた。

「いやだねぇ。わたしもそんな歳になっちゃったんだねぇ」

「オレも、おふくろが本当に認知症なんかになっちゃったら困るからさ、ちゃんと薬飲もうよね」

しばらくすると、神崎が医者と話し終えて診察室を出てきた。

「お母さん、お疲れ様でした。相談員が息子さんと少しだけお話したいと言っていますから、私とここで待っていましょう」

そういうと神崎は、私の耳元でささやいた。

「この数カ月の大変だったことを、はじめて私に話してくれた時のように訴えてください。それで一気に入院の準備に進んでいきます。キーワードは、『もう限界』と『実の母を憎悪する自分が情けない』です」

そう言うや、神崎は杉本の母をかばうように手を添えながらロビーのほうへ歩いていった。

神崎の言うように、杉本が事実をそのまま伝えると、相談員は深刻な面持ちで言った。

「本当におつらかったですね。来週の月曜日13時、ご都合はつきますか？　申し訳ないですが、最短で月曜の午後になります。入院の手続きですが…」

こんな感じでとんとん拍子に事は進んでいったのだ。

杉本の家に着くと、何も知らない母がお菓子とお茶で神崎をもてなした。その間に、神崎は杉本に言う。

「思いの外、早く入院できそうですね。それまでに、介護認定と限度額認定、それと口座移管をやってしまいましょう。お母さんとは、この後、お話をしながらその方向に持っていきますので」

杉本は、もう、ただうなずくしかなかった。あまりの急展開にジェットコースターに乗ってでもいるような感覚だった。

ものの10分くらい雑談をしてから、神崎は母親へのカウンセリングを開始した。

「それではお母さん。これから認知症を予防するための簡単なイメージトレーニングをやらせてもらいますね。まず、ゆ～っくり深呼吸して、リラックスした状態になってもらいます。ご自分のペースでゆっくりと、はい、口から吐いてぇ、鼻から吸ってぇ。はい、そうです。いいですよぉ。しばらく続けてください。

軽～く目も閉じましょうか…。はい、そうです。リラックスしてぇ。後頭部の20センチくらいのあたりにちっちゃなミカンがフワフワ浮いているような光景を思い浮かべてみましょう。は～い、どうですかぁ～」

杉本の母親は、従順に神崎の言うがままに動いていた。杉本は不思議な気持ちで、固唾を飲みながら母の様子を見守っている。

「それではお母さん。いや、杉本紀子さん。いまから私がいくつか質問をしますから、なるべく正直に、思った通りに言葉にしてみてくださいねぇ。よろしければ、ちょっとだけ、首を縦にふってみてくださ～い」

素直にうなずく母。

「それでは、紀子さん。紀子さんが生まれてから今日までのことをゆっくりと振り返ってみましょう。いろ～んなことがあったと思います。楽しかったこと、つらかったこと、たっくさんいろんなことがあったと思います。よ～く思い出してみてください」

　神崎は杉本の母親の両手に自分のそれを軽く当てながら、1分ほど沈黙していた。

「どうでしょう。紀子さんの人生にあったいろいろなことが思い浮かんできたでしょうか。それでは、右手を軽く上げてみてください」

　神崎が母親の右手をそっと持ち上げた。

「いいですかぁ。親指から小指までぜんぶで5本ありますよねぇ。いまから、紀子さんの人生に大きな影響を与えた方を5人挙げてもらいますよぉ。まずはじめに、これまで生きてきて、紀子さんがいちばん感謝している人、それはどなたですかぁ～。こうしてぇ、いったん指をたたんでこぶしを作ってぇ。はい。どなたにいちばん感謝していますかぁ。その人がこの親指ですよぉ」

　神崎が親指1本だけを立たせた状態にすると、眉間にしわを寄せるようにして俯いていた母親がボソッと口を開く。

「おかあさん…」

「はい。紀子さんの、実のお母さんですねぇ。そうだったらうなずいてくださぁい」

　母親が小さくうなずいた。

「それでは、紀子さん。目を閉じたままでいいですからぁ、この親指をお母さんだと思ってくださ～い」

　神崎は、親指を軽くツンツンと叩いてから、そっと握った。

「どうしておかあさんに感謝しているのか。どんなふうに感謝しているのか。目を閉じたままでいいですから、この親指をお母さんだと思って、感謝の言葉を素直に言ってみてくださぁい」

　杉本は母の歴史を紐解くような思いで母の言

葉に耳を傾けていた。が、神崎が、親指・人差し指に続いて中指を立てさせ、3番目に感謝している人物を問うたとき、目を見張った。

母の口をついて出た言葉。それがまぎれもなく「た・け・し」だったからだ。

母方の祖母、武史の父に次いでの3番目である。

「武史さん。息子さんですねぇ。それでは、この中指が武史さんですよぉ。目を閉じたままでいいですから、この武史さんに感謝の言葉を伝えてあげてくださ～い」

杉本が凝視する中、母は言った。

「武史。お母さん、ちっちゃい頃から好き嫌いが多かったからねぇ。身体も弱かったから、なかなか子宝に恵まれなくってねぇ。ビタミン注射打ってもらいながら、やっとのことで武史ができたんだよねぇ。そのせいか、武史はよく病気してねぇ、小学校入る前くらいまではもう、ほんと大変だったんだ。

それに、お母さんが身体弱かったから、兄弟もできなくて、どうしてお兄ちゃんやお姉ちゃん、弟や妹がいないのって、よぉく訊かれたよね。淋しかったんだろうねぇ。

それでも、武史が生まれてきてくれたから、お母さんは本当にうれしくてうれしくてね、今日までがんばって生きてこられたとおもうんだよねぇ。

お父さんがお酒飲みすぎて身体壊して死んじゃってさぁ、あん時からずぅ～と、武史がお母さんを支えてきてくれたんだもんねぇ。結婚もしたかったろうにねぇ。ほんと、よくできた子だって、お母さんの自慢のひとり息子だったんだよねぇ、武史は。

武史のおかげで、お母さん、生きててよかったって思えるんだよねぇ。だからねぇ、お母さんがどうにかなっちゃうとね、武史はひとりぼっちだから、ぜぇんぶ武史が面倒かぶることになっちゃうから、それだけが、お母さん、心配なんだよねぇ」

杉本はタオルで顔を覆いながら泣いている。

こんな具合のカウンセリングが1時間くらい続いただろうか。5人に対して感謝のメッセージを語った後、神崎の両手が軽く両目を塞ぎ、合図をすると、母が目を開いた。その瞳はやはり濡れていた。

「お母さん、お疲れ様でした。ご気分はどうですか?」

涙をしゃくりあげながら母が答える。

「なんか…、こう不思議な気持ちがします。胸の中のいろいろなしがらみが消えていくような、胸のつかえが取れるような…」

「いやな気分ではないですか?」

「はい。スッキリして、なんか軽くなったような気分です」

「そうですか。良かったです」

「5番目に、実のお父さんのお名前が出てきたのですが、あのなかで、遺産分割の時にいろいろあった…というくだりがあったのですが…差し支えなければ教えていただけませんか?」

「ああ、そんなこと言いましたですかねぇ。実は、父が死ぬ前に、私を含めて4人の子どもと母が呼ばれましてね、女の子ふたりは嫁に出たのだから、遺産は母と男の子ふたりにやるつもりだからって、遺産相続放棄の書類に判を押すように言われまして…。

あの当時は世間知らずで、父に言われるままに放棄しちゃったんですよねぇ。結果的には、あのことがきっかけで、男兄弟とは疎遠になっちゃって。

かなりの金額があったはずなんで、私が軽はずみに判なんかつかなきゃ、主人も武史も、もうちょっと暮らし向きがよくなったんじゃないかって…ずぅ〜と心のどこかに恨めしいような気持ちがあったんですよねぇ」

杉本は初耳の話だった。母方の祖父は、たしか武史が小学校3年生の時に亡くなったはずだ。

「そうでしたか。イヤなお話を思い出させてしまったかもしれません。申し訳ありません」

後で神崎に聞いたところでは、この一件が、もの盗られ妄想に繋がってきている可能性が高いということだった。認知症の症状の出方はさまざまだが、「お金を盗られた」という言動の大元の原因は、やはりお金に絡んでいる場合が多いという。

そして、哀しい話ではあるが、いちばん身近にいる人物が疑われてしまうということも。

その後、神崎は、「お母さんに提案したいことがあるのですが、よろしいでしょうか？」と切り出した。

「そんなにまで感謝している武史さんの身に、この先、厄介なことが起きないようにするためにも、お母さんがしっかりと意思表示できているうちに準備をしておいたほうが望ましいことがあると思うんですよねぇ」

神崎は、いくつかの事例を引き合いに出しながら母親に提言したのだった。ついでに触れるならば、その際のやりとりは、すべてボイスレコーダーに録音しながら。

こうして、たった1日のうちに、もの忘れ外来受診、入院の段取り、要介護認定、医療と介護の限度額認定、定期預金の普通預金への口座移管について、杉本は母親の言質を取ることができたのである。

さすがに疲れたのだろう。その晩は、夜中の整理整頓や、「泥棒に入られた」と言って息子の部屋に押し掛けることはなかったが、一夜明けると、別人格の母が、息子の目覚めを待っていた。

「ちょっとアンタに訊きたいことがあるんだけどね」

「なにさ？」

「アンタ、あたしのハンドバッグ知らない？　通帳とか印鑑とかみんな入ってるんだけど」

杉本はとっさに思った。昨日、かなりのところまで作業を進めておいて本当に良かったと。

「本当に知らないんだろうね？」

「ああ。知らないよ」

「いやあ、困った。全財産を持って行かれた。これから警察に電話しなきゃ」

「……」

「困っちゃったねぇ。アンタも一緒に来てくれるでしょ？」

その日は、朝から神崎と区役所に出向いたのち、午後には母親も連れだって金融機関を回ることになっていた。

「いや、今日は大事な仕事が入っててさ」

言いかけた息子に母親が牙をむく。

「アンタ、何のんびりしたこと言ってんのよ！　全財産が盗まれたって言うのに、よくそんな落ち着いていられるわねぇ。どういうこと？　アンタのことを疑いたくなるわね、まったく」

またか…。

「勘弁してくれよ、もう。昨日、神崎さんがいる時に、置き忘れがひどくなってきたからってオレに預けたんだろうが！」

「なにそれ？　アンタに預けたって？　あたしは知らない。そんなことするわけない。アンタのこと、そこまで信用してないからね、悪いけど」

「もういいよ」

「何がもういいだ。よくなんかないよ。返してちょうだい。アタシが血のにじむような思いで貯めたお金だ。いますぐ返せ！」

　杉本はいったん自室に戻り、昨日、母から預かったセカンドバッグを取り出し、母の待つ居間に戻る。

「ほら。これだよ。そんなふうに言うんだったら、自分でしっかりと管理してくれよ」

　次の瞬間、鬼婆のような形相で母が言い放った。

「はぁ～っ。信じられないね。実の息子が母親のお金を持ち出すとはねぇ～。いゃあ、怖い怖い」

　おぞましいまでの目つきで自分をにらみつけてくる母親に、ふだんの母親はもう宿っていなかった。神崎に相談に乗ってもらい、ある程度の見通しが立っていたから我慢できたものの、そうでなかったら、今もまた、母親を殺してやりたいという悪魔のような感情が湧き立っていたに違いない。

　杉本はそそくさと身支度を整え、騒ぎ散らしている母を尻目に家を出た。そして駅に向かいながら、神崎にＳＯＳを発信した。

「そうですか。しかし、それが認知症という病気の特徴なのです。とにもかくにも、今日明日の二日間で話を前に進めましょう」

　当たり前の話だろうが、自分の話にも一切動揺せずに諭すような神崎の口ぶりに安堵する。

約束した区役所のロビーで合流し、介護保険課に出向く。要介護認定の申請書をその場でもらい、その場で記入する。週明けには入院する予定であることを伝え、可能な限り、ケアマネジャーによる聞き取り調査を早急にセットとてほしいと依頼する。

要介護度が決定されるまでに、聞き取り調査に加え、主治医意見書の取得も必要なので、3週間は覚悟してほしいとのことだったが、認定審査中に発生した介護費用についても遡及して処理することが可能だとの説明を受けホッとする。

限度額認定の手続きは、介護費用限度額は要介護度が決定してからになるため、後期高齢者保健の限度額認定だけを済ませた。


さて、いよいよ、これからが本日のメインイベントだ。自宅に戻って母親をピックアップし、神崎ともども、母を連れて郵便局とふたつの銀行を巡らねばならないのだ。

杉本の母親は、ゆうちょ銀行の他にふたつの都銀に預金口座があることがわかっていた。

杉本がいったんは母親から預かった通帳を調べると、いずれの金融機関にも定期預金口座があることがわかった。神崎のアドバイスによって、すべての定期預金を普通口座に移管することが本日の作業であった。普通預金にさえしてしまえば、杉本が母親の口座から自由にお金を引き出すことができるからだ。

前回のカウンセリング時に、母親の言質は取得済みである。とは言え、やはり、金融機関の窓口には口座名義人本人が出向かねばならない。また、その場で、母がまた変貌しやしないかという不安を払拭できずにいる杉本だった。

今朝がたの母の荒れようから不安いっぱいだった杉本だが、玄関のチャイムを鳴らした時、家の中から「はぁ～い、どなた？」という母の明るい声が聞こえたとき、ああ、普通の状態に戻っているなと確信して胸をなでおろした。

「あら、武史。こんな早い時間に仕事はどうしたの？」と訊ねながら、後ろにいる神崎を見つけて愛想のいい声を発するのだった。

「あら、この間はどうも。ええっと、ほら、誰さんだったかしら、もういやよねぇ、すぐ忘れちゃってぇ。武史のお友だちの…ねぇ…」

「はい。神崎です。前回はたいへん長居してしまって」

「そうよね、神崎さん、神崎さん。どこかに書いておかなくちゃねぇ」

母の豹変ぶりに、杉本は認知症という病の恐ろしさを覚えずにはいられなかった。

「前回お邪魔した時に、今日の午後に、３人で一緒に銀行を回りましょうってお話したんですけど、お母さん、覚えてらっしゃいますかぁ？」

神崎の問いかけに、母親は思い出したように掌を打って言った。

「あらぁ、わたしったらイヤだ。そんなお話、してましたよねぇ～、たしかねぇ。そうでしたねそうでした。ちょっと急いでお支度しますね。ちょっと武史、コーヒーでも入れて差しあげて！　ねぇ～、男の子はなかなか気がつかなくってねぇ。すぐに着替えてきますから、ちょっと待っててくださいね」

その様子は、何かバラエティ番組のコントを観ているかのような気分にさせるほどで、杉本は妙な気持ちになった。

「お気持ちはわかります。でも、逆の状態でなくて何よりです。ここはお二人のためにも、粛々と前に進みましょう」

神崎のシナリオは、きわめて簡単なものだった。本人のもの忘れが激しくなってきており、近々入院や施設について検討すべき時期が可能性として来そうである。いつそうなっても円滑に資金を引き出すことができるように、定期を解約して普通口座に移しておきたい…。

ふたつの都銀は、いずれも杉本の母親が、「泥棒に入られた」と何度も駆け込んだ実績があったため、それが当然であるかのように、手続きはスムーズに進んだ。銀行の担当課長は気の毒そうな様子で杉本親子を眺め、杉本の親友で社会福祉士だと名乗る神崎とは、銀行側としても問題視している、認知症になってしまった預金者の口座の取り扱いにかかるトラブルについてあれこれと話に花を咲かせていた。

さいごに出向いたゆうちょ銀行では、杉本の母親は30分ほど意思確認のための聞き取りをされることになった。が、神崎によれば認知症の人にはよくあることらしいが、役所などの公的機関やや金融機関では、意識的に健常者ぶりを誇示するようなところがあるという。その言葉通り、母親はしっかりと受け答えし、将来的な備えのために定期を解約して普通口座に移し替えておくのだと見事な話しっぷりだったから、杉本は唖然とするしかなかった。

「いやあ、1日ですべて片づいて良かったです」

帰り道で神崎にそう言われたとき、杉本はハトが豆鉄砲を喰らったかのような表情だったと思う。

「いやあ、なんか、あまりにも呆気なくいろいろなことが済んでしまって、ちょっと驚いているんですよね」

「でしょうねぇ。どんなタイミングで何をしておけばいいのか。それさえ洗い出せてしまえば、あとはルーティンだけですから。

それにしても、お母さんが完全なる認知症になってしまっていなくてよかったです。普通の状態の時でないと、こんなに簡単にはいきませんからね。

それと、お母さんの、対外的にはとくにしっかりとしているところ。おそらく元々の性格なのでしょうね。人前ではしっかりと気丈に振る舞うようなところがあるのだと思います。それが良い方向に作用しました。

さきほどの通帳と印鑑類の一式。今後は息子さんがキチンと管理をするといった趣旨の文書を作ってきましたから、家に戻ったらお二人に署名していただきます。で、1通ずつ保管しておくようにしましょう。

あと、今後のリスク管理という意味で、やりとりはすべて録音させていただきますのでご理解ください」

神崎は杉本の自宅に戻るや、親子を前にしてその日に手続きした内容を改めて整理し、今後は母親の通帳・印鑑類の一式をひとり息子である武史が管理するよう提言した。

母親は、「それは助かる。どっちにしろ、私のものは全部この子にいくものですからね。早めにそうしておいたほうが安心です」と快諾。

あっさりと文書にも記名捺印をし、対象となる通帳と印鑑、そしてカードを照合する。カードには付箋が貼ってあり、ごていねいに暗証番号まで記されていた。

それは杉本の誕生日であった。杉本の母親が、「武史、それじゃあ頼んだよ」と言いながら、それらをセカンドバッグに納め、杉本に差し出した。そこまでのやりとりを録音し、神崎は退席した。

別れ際に神崎が予言したように、翌日もその次の日も、杉本の母は人が変わったようにまた騒ぎ出した。が、「ほとぼりが冷めるまで外出するなりしてスルーしてください。週明けまでの辛抱ですから」という神崎の言葉が心の支えとなった。

そして、予定通り、週明けの午後、杉本の母親はS病院の認知症病棟に入院となったのである。

その後、3カ月の入院を経て、S病院の相談員からの紹介で、隣町の老人保健施設に転院した。実は杉本は、母親のために中の上クラスの老人ホームを検討していたのだが、神崎にこう言われたのだ。

「お母さまの定期預金が、たしか3千万円だったと記憶しています。他に預貯金はありませんね。それと…、言いづらいのですが、ご自宅もかなりの築年数だとお察しします。立地のことも考えると、資産価値は数百万円。それも低いほうだと思います。杉本さんがどうかなとおっしゃっていた老人ホームは月額25万円ですよね。年間300万円です。お母さまは認知症以外にとくに悪い病気は持ってないようですから、100歳まで、あと20年は生きながらえたとしても不思議ではありません。

20年ですよ、20年。年間300万円のホームに入ったとしたら10年間で3千万円。それでお母さんの預金は底をつきます。その辺のことを十分考えて欲しいんです。

杉本さんだって、お母さんと一緒に歳を取るわけです。加齢に伴ってリスクは増えるものです。そう考えたときに、例えばそのホームの半分以下で賄える物件があったとしたらどうですかねぇ？

そして、そこには医者も看護師も常駐していて、サポートの面では有料老人ホームよりも手厚いかもしれないとしたら…」

この神崎の提案があったからこそ、杉本は母を老人保健施設、いわゆる老健に移したのだった。限度額認定証を取得したのが功を奏して、月額費用は10万円以下である。これであれば母親が100歳まで生きたとしても経済的な不安はない。そう考え直して老健を見学させてもらったのだった。

あれから丸4年が過ぎ、母親は老健で暮らしている。時間の経過とともにおとなしくなっていっているように感じるのと、実の息子である杉本のことを、なぜか弟だと思っていることを除いては、とくに問題はなかった。

大手企業が運営する老人ホームでの不祥事をニュース等で知るにつけ、神崎の勧めた提案はベストだったのではないかと思えてくる。

杉本は月に一度のペースで母を見舞い、あとは仕事に専念することができている。あの時、思いきって神崎を訪ねたこと。あの一日が自分と母の現在を確保する重要な一日であったのだと、つくづく思うのだった。

後日、大学の同窓であることを伝えると、神崎は驚いたように、「どおりで、どこか同じような空気を感じてたわけですね」と快活に笑った。そして、年に数回、飲みに出かけるような縁ができたのだった。

認知症になって人格が変わってしまった母と暮らしていたやるせない7ヵ月間。あの時間が、今の杉本には別世界の出来事であったかのように思えてならない。土産に母の好物の和菓子を持って、杉本は老健へ向かうバスに乗り込んだ。

◆エピソード3　徘徊と暴力で両親が共倒れの危機

響介は、父の告別式の後、火葬場の煙突から立ち上る絹の白糸が、天空に戯れる桃色子羊たちに溶けていくのを眺めながら、8年以上におよんだ父の療養期間の記憶をたどっていた。長かったような気もするし、アッという間の出来事だったような気もする。

認知症の発症、数々の異様な行動、警察やご近所にかけた迷惑、病医院や施設とのトラブル、湯河原への転居……。

この間、介護疲れで母は二度、救急車で運ばれ、やがて脳梗塞を発症することに。それを受けて、父が施設に入ってからの3年間、響介は妻子との別居を余儀なくされ、実家で母を見守りながら仕事に出る日々が続いていた。

家じゅうが疲弊し、お金は湯水のように流れ出ていった。医療や介護に係る諸々の手続きは複雑で、かつ使い勝手は決していいものでないことを改めて痛感した。ましてや、両親の代わりに病医院や自治体に出向いてやりとりをしようとすると、個人情報がどうたらこうたらと言われて、なかなかどうして面倒くさい。実の息子であっても、だ。

あの時、社会福祉士の神崎なる人物と出会っていなかったら…と考えるとゾッとする思いである。

いろいろあったよなぁ。

ふぅ～っと、ひとつ、大きく息を吐きながら、老老地獄の一歩手前までいった両親に思いを寄せる。

それは、出張中の響介のもとにかかってきた、1本の電話から幕を開けた。

8年前の6月、出張先の仙台で商談していたとき、響介の携帯が鳴った。老親ふたりが暮らしていた東京郊外の救命救急センターからだった。

母が倒れた…。

必死に冷静を装いながら会話する。相手は看護師か。救急車で運ばれたものの検査の結果、異常は認められなかった。従って早々にお引取りを、というのが相手の言い分のようだ。とにかく母に代わってくれるよう頼むと、しばらくして、母の生気のない弱々しい声が聞こえた。あの気丈な母からは想像もつかなかった。

検査結果どうこうではなく、頭がくらくらして立ち上がることができない。このまま家に戻されても、父とふたりでは休むこともできないし、別の意味で大変だ。だから、しばらくベッドで休ませて欲しい。これが母の言い分だった。

父も傍らにいるようだが、役には立たないだろう。前年の秋くらいから、父には呆けの兆候が現れていた。後でわかったのだが、父は倒れた母を目の前にして119番すらもダイヤルできなかった。

その代わりに外に飛び出して近所の家に何かを訴えて廻ったようだ。運よく隣の家の旦那さんが察知してくれて、救急車を呼んでくれたのだ。

再び、看護師とのやりとり。

母の所持品のなかに手帳があり、私の名刺と携帯番号が書かれたメモがあったという。看護師は、だれが何時に母を引き取りに来るのか、その答えだけを求めてきた。

響介は思った。

そりゃあ忙しいのはわかるよ。でも、少女たちがあこがれる白衣の天使としては、あまりにも一方的で杓子定規じゃない？

そんなことを考えながら、響介が仙台にいることを伝えると、奥さんは？　ときた。

妻も仕事を持っており、飛んでいくことは困難だろう。が、実際問題として妻に動いてもらうしかなさそうだし、こんな看護師のいる場所に母を置いておくことは逆に危険というものだ。

患者を人と思っていない。この看護師にとって、母は救急用ベッドを占拠している単なるモノ。それも邪魔モノのようだった。

3時間後、妻が引き取る形で母と父は家に戻った。翌日以降、安心のできる医療機関で母を診てもらうために、カルテと検査データを提供してもらう段取りを妻に予め伝えておいたのだが…。なかなか母のカルテの写しや検査データを手にすることができなかった。

妻の話も要領を得ないのだが、「なぜ必要なのか」とか「本人の意思なのか」とか、四の五の言われたらしい。妻も短気なほうなので、業を煮やして踵を返してきたようだった。

響介はインターネットで情報収集しまくった。どうすれば患者情報を、本人に代わって家族が受け取れるのかを調べるためだ。あちこちのサイトを転々とするうちに偶然目にとまったのが、社会福祉士なる国家資格者たちが運営する〈お困りごとホットライン〉だった。

これは24時間365日、いつでも何でも電話で相談に応じてくれるサービスだ。そして、その代表を務めていたのが神崎という男性だった。

電話してわかったことだが、響介が悩んでいた問題は簡単なことで、直系の子どもが出向けばふつうは簡単に入手できるはず。最悪でも、母親からの委任状を1枚こしらえていけば済むことだとガイドしてくれた。

しかし、響介も仕事が忙しく、職場からかなり離れた救命救急センターに出向くことは容易ではなかった。そんなことを伝える響介に、神崎の事務所の職員から代行もできますよと教えてもらった。そして、1万円という料金でやってもらえるなら、頼んでしまったほうが手っ取り早いと判断したのだった。

翌々日には必要な情報を入手してもらったのだが、結果的には、あの段階でもっと先のことまで含めて、じっくりと相談に乗ってもらうべきだったと後悔することになる。結局は、母に認知症の父との閉ざされた生活を強いる結果となってしまったからである。

最終的に、母は父の介護からくる過労とストレスと診断された。ちなみに母は、検査データを見る限りどこにも異常はなく、父の介護によるストレス性の疲労であろうというグレーなことしかわからなかった。だがこれが、母にとっての地獄の始まりなのだった…。

母はその後、偏頭痛と、肩からリンパ腺にかけての原因不明の痛みに苦しんだ。医者に診てもらおうにもきつくて通院ができない。タクシーに乗ると、眼の前が真っ暗になり、世界がグルグルと回りだす始末。おまけに、認知症の父が余計にイライラを募らせる。

母の訴えを聞いて、響介は往診してくれる医師を見つけようとしたのだが、電話帳を開いても、どこが往診してくれるのかわからない。地域の医師会にも電話を入れたが、はっきりしたことはわからない。

それでも相手に食い下がると、じゃあ保健所にでも電話したらわかるかも知れないと言われた。しかし、保健所の対応も話にならず、結局は仕事の合間に電話帳を持ち出してきて逐一電話をかけまくることになった。

十数件目にかけた診療所の職員が、たまたま往診に熱心な医師を知っていて救われた。

それにつけても納得できなかったのは、医師会にも保健所にも、地域の医療機関の情報が集まっていないことだ。もう一点は、各医療機関の対応の劣悪さであった。

「うちはやっていませんねぇ～」

「ちょっと今忙しいのでぇ」

「最近は、往診しているとこ、無いんじゃないかなぁ～」

「来られます？だったら、若干診療時間を過ぎても診る場合もありますけどぉ～」

（ふざけるなっ！）

これが病院や診療所の受付職員の平均的接遇レベルなのかと思うと、腹立たしさを通り越して情けなくなる。卑しくも、医療機関というのは地域の社会資源であるはずだ。そこに従事する者たちがこうでは話にならない。

響介は、いざという時の情報源を日頃から見つけておかねばどうしようもないと怒り心頭だった。

結果的に、母親は定期的に往診を受けるようになったのだが、かかりつけの医師、それも何かしらの事情で通院が困難になった場合には往診も厭わない、そんな医師を確保しておきたいと切実に感じたものだ。

響介がつくづく身につまされたことは…、「知っているか、知らないか」だった。世の中というのは、たったこれだけの違いで歴然とした格差がついてしまうものだということだ。

何も知らずにいると、徹底的に不利益を被ってしまうのがこの国の医療なのだ。


こんな騒動から1カ月余りが過ぎた頃、父は夜間せん妄が激しくなった。戦争体験からくると思われる夢にうなされ、部屋の中に敵がいると叫び、窓ガラスや鏡を自分の拳で粉砕した。

止める母を殴り眼底骨折にまで追いやった。精神安定剤なしでは夜を過ごせないようになり、日中は片時も母のそばを離せなくなった。

これが、元来、社交的で友達づきあいが何より元気の素であった母には堪えがたかった。

母が救急車で担ぎこまれる件があってから訪問診療に来てくれるようになった医者からは、アルツハイマーが進行する父と二人っきりで過ごす生活は、母にとり最大のリスクだと指摘された。

響介も納得し、紹介してもらったケア付き住宅への入居を考えたのだが、結局は母の合意を得ることができなかった。母としては、どうしても父を他人任せにすることに対して抵抗があったのだ。紆余曲折はあったものの、そんなこんなで危うい時間がさらに1年が過ぎていった。

しかし…。4年前、秋が冬に変わろうかという頃になると、どうやら来るところまで来てしまった。一旦は、できるところまで自分でやってみる、父さんと二人でやってみると踏ん張った母ではあったが、もう死にたいとまで言うほどに追い詰められてしまった。

何が母を苦しめたかと言うと、徘徊である。家のなかで自分を叩いたり、モノを壊したりするのはまだ我慢できる。しかし、近所の家や警察の厄介になるようになると、もう惨めで情けなくてダメだ。そう言って母は涙を流した。

そして、ついに、かねてより計画しては立ち消えになっていた、介護保険サービスの利用を決めた。ホームヘルパーが家に上がりこんでくることを良しとしなかった母と協議を繰り返し、ようやくのことでデイサービス（通所介護）とショートステイの利用に踏み切ったのだ。

とにもかくにも、父を母から離すことで、一日のうち何時間かでも母を介護から解放してやることが目的だった。週1日から始め、徐々に利用回数を増やしていった。その甲斐あってか、デイサービスに出かけた日の夜は、父もぐっすりと眠るようになった。

しかしながら、父の認知症は確実に進行し、クリスマスの頃には、母を市役所の職員と呼んだり、すでに亡くなっている父の姉と間違えたりするようになる。徘徊や暴力は次第に鳴りを潜めたのだが、日に日に沈みがちになっていった。

あれほど好きだった時代劇や西部劇のビデオを見ることもなくなり、部屋にいる時はボーッと天井を見つめているだけといった状態になっていった。この時点でまだ救いがあったとすれば、食事のみならず、排泄まで自力でできていたことだ。

だいぶ後になって、神崎のサポートをもらうようになるのだが、彼はよく言っていた。「ひとによって頻度や間隔がまちまちな排泄がコントロールできなくなったら自宅での療養は不可能だ」と。

排泄に介助が必要となれば、家族はおちおち眠ってもいられない。その結果、心身が壊れていくという流れだというのが神崎の説明だった。

長期にわたり、なるべくなら家で介護をしてあげたいという母の希望を尊重していたのだが、ついに、この年の暮れ、響介のもとへ母からギブアップのＳＯＳが入った。果てしなく続く介護に疲弊した母の言葉が私の背中を押した。

「お父さんが憎い。そんなふうに思う自分が憎い。もう死にたい」

決断を下さなければならない時が訪れた。母を救うか、父と共倒れさせるか、である。

ここで響介は、偶然にも週刊誌の特集で「失敗しない終のすみかの選び方」という記事に出会う。そして再び、社会福祉士の神崎の名前に触れることになった。思いきって電話をかけてみると、誠実な、人なつっこい神崎の声が甦る。

「ああ、お久しぶりです。その後、お母さまのほうはいかがですか？」

「その節はどうも…。その…、母はどうにか元気にやっているのですが、今回は母のことではないんです」

彼に概略だけ伝えると、響介は数日後に神崎に時間を取ってもらい直接詳細を聴いてもらうことになった。今度ばかりは、病院でカルテを取ってきてもらうのとは依頼内容の次元が違う

「その節には大変ありがとうございました。またちょっと困ったことがありまして…。神崎さんには、一度、詳細を聴いていただいた上でお力添えいただくのがいいのかなと思いまして」

「そうでしたか。それはありがとうございます。今度はお父さまですか？」

何と表現したらいいのか、うまい言葉が見つからないのだが、神崎を前にして、妙な話しやすさを響介は感じていた。

30分くらいだろうか。父のプロフィールと生活習慣に病歴、認知症を発症してからのいきさつ、それに影響を受けてしまった母のこと、いま考えていることを一気に話しきった響介だった。

「そうですか…。そういうことでしたか。大変でしたでしょうねぇ。まあ、どうぞ」

と思ったからだ。

神崎に頼む以上、キチンと経緯を話しておくべきだと、ごく自然にそんな気持ちになったのだ。

はじめて向き合う神崎は、ごく普通のビジネスパーソンといった感じの人間だった。ホームページに掲載された写真とほぼ同じ。やや恰幅のいい、企業の管理職っぽいビジュアルだった。

唯一、通常の会社員とは違うとすれば、背広の胸ポケットのチーフ。その日も神崎は、茶系のブレザーの下につけた黄色いシャツとほぼ同じ色のポケットチーフを差し込んでいた。

「わざわざお越しいただきまして」

相談に乗ってもらうのは響介のほうなのだから出向いていくのが当然なのだが、神崎はニコニコしながら名刺を取り出した。

話の途中で用意された紅茶をすすめながら神崎が口を開く。

「それなりに認知症のケースに接してきたのですが…。私としては、あの病気は介護する家族の側に伝染すると考えているんですよね。お医者さんたちはなかなか認めませんけれど」

「介護保険のサービスを使わずに、ご自宅で二人っきりの介護をされていたご家族に、何年かして同じような症状が出てしまう。そんなケースをいくつも見てきました。

　科学的な根拠がないと言ってしまえばそうかもしれません」

「でも、経験則で言えば、認知症はうつると思っています。ですから、お母さまが介護生活のなかで倒れられて救急車で運ばれたというのは、目に見えない何かの力が働いたような気がするんですよね。

要は非常ベルが鳴ったのだと思います。しかし、それからまた半年くらいですか？　お母さまは再びいばらの道を選択された…」

「ええ。母も古風なほうなので、少なからず、親類とかご近所の目を気にしたと思います。もちろん、父に対する愛情もあるのでしょうが」

神崎が大きくうなずきながら、ひとつ息を吐く。数秒、軽く目を閉じて、そしてゆっくりと語った。

「そんなお母さまが、いよいよ、助けてくれとおっしゃった」

「はい」

再びの沈黙。眉間にしわを寄せていた神崎が、響介の目を真剣なまなざしで見つめて言った。

「急ぎましょう。ご両親を共倒れさせてはいけません」

響介は、やはり相談に来てよかったと思っていた。自分の考えに共感し、同じ方向性を即座に言葉にしてくれたのが理由である。

医者にしろ、ケアマネにしろ、なかなかそんなふうにはならないものだ。当たり前のことではあるのだろうが、あれやこれや質問だの理屈などが多くて、かつ慎重なものだから、患者側からするとかなりのイライラ感が募ってしまうのだ。

そんなこと以前に、家族としてはつらい思いをわかってほしい、まずは「なんとかしましょう」と安堵させてほしいのだ。その点を神崎は熟知しているような対応だった。

仕事を抱えながら両親のことでパニック状態にあった響介には、神崎の対応に救われる思いだったのだ。


響介は具体的な話に進むことにした。

「早々に、父をどこかに入れようと思うのですが…、そんなときにこれを拝見したんです」

神崎が載っている週刊誌の特集記事を鞄から取り出してテーブルに置く。

「ああ、これですか」

神崎はそれを手に取ってパラパラとめくりながら言った。

「ここ数年、いわゆる終のすみかについての相談、というか、クレーム相談が非常に増えてきましてね。要は、こんなはずじゃなかった。どうにかできないものか。その手の案件が後を絶たないんです」

「よくニュースや新聞で取り上げられていますよねぇ」

「ええ。しかし、ああいった利用者の命に係わるような不祥事だけでなく、もっと日常的な不満を大勢の方が抱えながら、まぁ、我慢しながら生活しているというのが実際のところですよねぇ」

「特集記事で読んで驚きました。それだけに、認知症の父をどうすればいいのか。プロに相談するのがいちばんいいだろうと思ったのです」

「ありがとうございます。でも、プロかどうかはわかりません。私たちは、ただ、入る側のみなさんのご要望をていねいにお聴きして、極力それに対応してくれる物件を探して、現地責任者の言質を取る。その上で契約に立ち会わせていただく。それをひたすら繰り返しているだけですからね。

でも、多くのみなさんは、そんな悠長なことをしていられないのでしょうね。お子さんたちが忙しい合間を縫って、あれこれ準備して、あちこち見て回ってというのは、やはりむずかしいかもしれないですね。物件側は物件側で、入居者確保に躍起になってセールスしてきますから…」

「はい。私としても、特別豪華なところなど考えてもいませんが、少しでもリスクの低いところを探し出したい。でも、その具体策がわからない。至るところにあるじゃないですか。もう、どこもかしこも同じように思えちゃいましてね」

神崎は小さくうなずきながら、紅茶を一口すすった。

「お父さまが入る物件ですが、経済的条件と地理的条件をまず教えていただけますか？　そのうえで、お父さまがそこで生活する上で、どうしても叶えて差しあげたい要望事項があれば、そこもお願いします」

響介は昨夜、特集記事を読みながら考えてきたことを伝える。

「予算的には、できれば込み込みで20万円までで抑えられると助かります。場所は、首都圏、最寄駅から徒歩で行ける範囲であること。他には…、いろいろと考えたのですが、やはり、何かあったときに医者がすぐに駆けつけてくれるところであってほしい。それくらいでしょうか。欲を言ったらキリがありませんからね」

「ありがとうございます。そこまで絞り込んでいただけると、こちらとしては探しやすいです、はい」

神崎の言葉に耳を傾けながら、響介は考える。人を包み込むような、大らかで温かな雰囲気。何とも言えない安心感。この人当たりの良さはなんなのだろう。

「いままでのお話を伺って、わたしの思うところをお話してもよろしいですかねぇ？」

響介は、是非にと頭を下げた。

「まず、夜間せん妄の話が気になります。戦争末期にシベリヤで捕虜経験がおありなんですよねぇ、きっと。そのときにつらいご経験をされたのだと思います。今のお住まいは、どのようなところですか？」

「京王線はご存知でしょうか…。聖蹟桜ヶ丘という駅があるのですが…」

「ああ、知っています。いまはデパートとかもできて、賑やかになっていますよね」

「そうです、そうです。ただ、うちの実家は丘の上で、駅に下りるのも大変で。古い分譲団地なので、ご近所も高齢の人ばかりでみんなヒーヒー言ってますね」

「あの、たしか、昔は京王帝都電鉄の社長が住んでいたとか。それだけの理由で特急が停車するって、都市伝説みたいな話を聞いたことがありますね」

「たしか、そんな話、ありましたね。子どもの頃、私も聞いた記憶があります」

「高台だと、冬場はかなり冷えたりしますか？」

「そう言えば、母はいつも言っています。家屋自体も木造で老朽化しているので、冬場はすきま風が入ってきて、なかなか暖房が効かないって」

「なるほど」

「もう築40年以上だと思います」

神崎はしばらく窓の外を眺めていたが、やがて響介のほうをまっすぐに見つめた。

「あのう、ご承知のとおり、私は医者でも何でもないのですが、これまでに関わったケースから考えて、気になっていることがあるのです」

「なんでしょうか？」

「あくまでも私の持論なのですが、問題行動を伴う認知症の方には、それぞれ特徴的な症状があるように思うのです。よくある例として、モノ盗られ妄想。これは過去にお金に絡んだつらい経験があることが多い。それから暴力。これはやはり戦時中の体験というのが大きなトラウマになっているのだと感じています」

「そして、お父さまの場合、その舞台がシベリヤだということ。あの極限的な寒さです。当然、寒い時期に、シベリヤであったつらい体験がフラッシュバックするのは当然のことだと思うんですよね」

響介は、子どもの頃に父から聞かされた戦争中の話を思い出していた。

神崎の話は続く。

「つまり、せん妄の症状は、温暖な生活環境によって頻度を減らすことができるのではないかと。そもそも高齢の方は、とくに痩せてらっしゃる方の場合、暖かいところで生活すると体調がよくなります。認知症の方であっても、問題行動が緩和したり、なくなったり。そんなケースを多々見てきました」

「それに、そもそも、寒いよりは暖かいところのほうが平均寿命も長いわけですからね。つぎにもう一点。お父さまはお酒が原因で何度も入退院を繰り返してらっしゃるので、やはり、身近に手厚い医療が備わっているほうがいいでしょう。さらに…」

神崎が沈黙したので、響介は怪訝そうに神崎を覗きこんだ。

ゆっくりと神崎が先を続ける。

「お母さまのお父さまに対する気持ち、親類ご近所に対する意識を考えると、少し、物理的な距離も考えてみてはいかがでしょうか」

響介は、神崎がまったく予期していなかったことを口にしたので首をかしげた。

「たぶん、すぐに会いに行ける場所にお父さまがいたとしたら、頻繁にお見舞いに行くでしょうね」

「ええ。たぶん」

「家に居ても、昔のようにお友だちと買物に出かけても、きっと、絶えず意識の中にお父さまがいると思うんですよね」

「……」

「たしかにお母さまにとってつらいことかもしれませんが、身体的なことのみならず、精神的な面でもお父さまと距離を置いたほうが、本当の意味でお母さまが健康な状態に戻るような気がするんです」

「つまり…、単にどこかに入居させるというだけでなく、地理的にも母を父から引き離せと…」

「いいえ。引き離せと言っているわけではありません。例えば、月一度程度の面会にして、お母さま本来の生活リズムを取り戻してもらうために、適切な距離感を確保するという意味なのですが…」


神崎の思いがけない提案を聞いて、響介は、次第にそれも一理あるような気がしてきた。学生時代からの親友たちと、芝居に行ったり旅行したり、会食や買物に出かけたり。社交的な母に、かつてのように社交的な毎日を取り戻させてやりたい。

ここしばらく忘れていたが、母自身のシニアライフをエンジョイさせてやりたい…。


神崎の話を聞きながら、彼は冷静な第三者であるからこそ、両親の全体最適を考えて提案してくれているのにちがいない。しかも、神崎はこの道のプロである。検討してみる価値はあるように思えてならない。

「お気を悪くなさらないでくださいね」と神崎。

反射的に響介は口を開く。

「いや、面白い発想だなと…。面白いと言っては失礼ですが、私の思考の中から、母の日々の生活のことが抜け落ちていたように思いまして。母を父から離そうと言いながら、やはり、母がいつも父のそばにいることを大前提に物事を考えていたということに気づいたんです」

神崎がいつものように包み込むようなバリトンを奏でてくる。

「私がお話したことは、あくまでも私の仮説、と言いますか、ご両親についていろいろなお話を伺いながら、心に浮かんできた気持ちを素直にお伝えしただけなのです。最終的なご判断は、お母さまとおふたりで決めてください。あと…」

「あと？」

「ご親戚やご近所の声というのは…、考慮しなくていいと思いますよ、経験から」

「はい。それはもう、私も同感ですから」

「よかったです。とりあえず私のほうでは、首都圏に加えて、相模湾沿いも含めて、医療機関が運営している物件で、月額15万円程度のものを3つ4つ、探してご連絡するようにします」

「それは助かります」

「お母さまとよくお話してみてください。くれぐれも、お母さま自身のこれからの人生にも配慮して差しあげてください」

「わかりました」

帰り道、響介は神崎の提案を振り返りながら、一度じっくりと母の気持ちも聴いてみないといけないな…、そう強く決心するのだった。

意外にも、母の選択は神崎の提案どおりであった。響介は正直びっくりした。9割方、父の近くに居ることを望むとばかり想像していたからだ。にもかかわらず、母は言った。

「そうねぇ。お父さん、もうお母さんのこともわからないしねぇ。月に1回くらい、響ちゃんとピクニックがてら様子を見に行けたら、それでいいのかもしれないねぇ」「お父さんのお世話は、やっぱりプロの人たちに任せたほうがね。そのほうがお父さんも気が楽なんじゃないかって思ったりもしていたのよねぇ」

「そうか。僕としては、お袋がしたいようにするのが一番いいと思ってるから。もう十分、親父にはすることとしてあげたんじゃないかな」

「それはどうかわからないけど、ここにはいつもお父さん、いるから…」

そう言うと、母は自分の胸にそっと手のひらを当てながら響介に笑ってみせた。

響介はその旨を電話で神崎に告げた。

「お母さまは、響介さんに全幅の信頼を置いているのだと思いますよ。だから、心の奥深くにあった本当の気持ちをお伝えになられたのだと、私にはそう思えるのです」


かくして、年明けから、父がショートステイやデイサービスを利用している間を縫って、母と首都圏の施設めぐりが始まった。

神崎がピックアップしてくれた物件は6つ。

ただ、結果は芳しくなかった。同行してくれた神崎が、現地の責任者やスタッフにいろいろな観点から質問をしてくれたのだが、その応対ぶりから判断するに、どうも神崎の目には決定打がなかったようだつた。

認知症への対応、夜間緊急時の医療サポートという、響介たちがもっとも重視していた部分で納得できる答えがどこにも見つからなかったのだ。

他にも、費用の明細が不明確、契約関連書類の稚拙さ、職員たちが醸し出すムード、そしてそこで生活している人たちの様子。ここに自分の父をお願いしようという気持ちになった物件はなかった、そう神崎は話してくれた。そして、その評価は、かなりの点で響介の母が感じたものと合致していたのだった。

響介が驚いたのは、「認知症でも安心して下さい」とパンフレットに大きく記載してあるにもかかわらず、「状況により、退去願うこともある」と説明する物件もあるということだ。こちらとしては父親の終のすみかを探しているつもりでも、あちらは必ずしも終のすみかを提供しているという意識はないのかもしれない。

休日や夜間の緊急時対応にしても、夜中に何かあったら、どんな立場の誰が、具体的にどこまでのことをやってくれるのか。然るべき立場の職員であっても、回答が心もとないのだ。

提携医療機関の名前をパンフレット上に記載してあるにもかかわらず、具体的な提携の中身については誰ひとり教えてくれなかった。

帰りに入った喫茶店で、神崎が改めて教えてくれたのは、「料金とサービスの質に相関関係はない。高く払ったからといって、医療や介護の品質が良くて安心なんてことはない。特に認知症の場合、どの施設も手探りしながら受け入れていることが多い」ということだった。

それと、「提携や連携という言葉のあいまいさ」である。こうした言葉から入居者側がイメージするものと、実際の中身にはかなりの開きがあるということ。

パンフレットには、クリニックと連携しているから大丈夫とコメントしておきながら、クリニックの診療時間外に何かあったら救急車を呼んでくれるだけとか、連携先に入院ベッドがなかったりとか、連携先の診療科目以外については家族で対応してくれとか…。

親を住まわせる入居者の側からすると、そんな状態だったら「連携」とは言えないのではないか…と思えるようなことが多いのだ。要するに、家族の手間や不安は、自宅で介護している場合と、あんまり変わらないじゃないかと思えてしまうことすらあるのだった。

響介はつくづく思うのだった。入居する側からしたら人生最後の大きな買物だ。ここらへんを曖昧にしたまま契約なんかしたら大変なことになる。

別れ際、神崎が笑顔で言った。

「お母さんも今日はお疲れさまでした。でも、今日までで、お父さまが住まう場所はどのようなところがいいのか、大体イメージがついたのではないですか？　週末の湯河原と小田原の物件は、私自身も期待しているところです。楽しみにしていてください」

「神崎さん、本当にありがとうございます。私たちだけだったらどうなったことか。でも、おかげさまで、自分の時にも勉強になります。意外と楽しいものですね、こういう遠足も」

そう言ってフフフと笑った母の表情が、響介にはなぜか若々しく感じられた。

小田原と湯河原の物件は、いずれも地域で人気のある開業医が経営・運営するシニア向けアパートだった。診療所とは目の鼻の先で、どちらも院長自らがあいさつに顔を出してくれた。響介も母親も、明らかにこれまで見て回った物件よりも好感を持った。職員もみな笑顔で感じがいい。気候のせいもあるのだろう。冬でも東京より2度から3度は高いらしい。

最終判断は、母親の言葉だった。

「大昔のことだけど、お父さんと湯河原に旅行に来たことがあるの。泊まった宿のすぐ近くに不動滝っていうちぃちゃな滝があったけど。そこのお茶屋さんでね、竹で作った灯篭がいっぱい飾ってあって、灯りをともしてあったのよねぇ。とってもきれいでねぇ、たしかお父さん、３千円くらい出して買ってくれたんじゃなかったかしら。あれ、どこにしまっちゃったのかねぇ」

響介と神崎はしみじみと耳を傾ける。

「お父さんとまた行けるかもしれないわ。お母さん、小田原の女医さんも良かったけど、湯河原がいいわ。おじいちゃん先生だけど、なんかほのぼのしているしね。温泉もあるし、お母さん、湯河原にまた来たいわ」

響介は神崎を見やり、会釈して、それから頭を下げた。

この選択に対して、響介も予想した通り、親族やご近所から反対されるは、叱責されるは、それはもう大変だった。特に、父方の親類、つまり、父の弟や妹からは、「両親を離れ離れに引き離すとは何と親不孝な」って罵られたりもした。

具体的なことは何もしてくれない人に限って、あれこれと好き勝手を言うものだと、響介は思った。そして、そんな人たちの雑音を遠ざけるためにも、いっそ東京を離れてしまったほうがいいという、そんな踏ん切りがついた瞬間でもあった。

こうして、響介の父は、その年の梅の頃、湯河原の医療法人が開設したシニアアパートに引っ越した。そこはアパートとは言え、医療・介護・食事・各種生活支援等を必要に応じて出前するという運営方式で、費用は一切合財で月額17万円と安い！

温暖な気候と緩やかな時の流れのせいか、転居してまもなく、父の問題行動も落ち着いた。

ゴールデンウイークには、母親が話していた不動滝茶屋に、車いすの父親も連れて竹灯篭のライトアップを観に出かけることもできた。

響介と母は、いつしか月1度の湯河原ツアーを心待ちにするようになっていた。それはそのまま、親子のこころの距離をちぢめるセレモニーの意味合いも兼ねていた。

父の容態もすっかり落ち着き、それから3年半、最後の最期まで同所で暮らしたのである。初めて認知症の兆候が表れてから約7年。

唯一残念であったのは、父はさいごまで母のことも響介のことも思い出さぬまま息を引き取ったことだ。

それが認知症という病気だとは知りながらも、心のどこかで奇蹟を期待する気持ちがあったのだろう。母にとっては、月に1度父を見舞い、あれやこれや世話を焼きながらも母のことを認識できない父を目の当たりにすることは、さぞやつらいことだっただろう。

逆に救いとなったのは、神崎の勧めに母が同意し、リビングウィルの手続きを取っていたことだ。一切の延命治療を拒否することで、体にたくさんの管を通されながら、頻繁に採血されたり、薬を注入されたり、そうしたつらい思いを父にさせなかったことだ。

その甲斐あって、臓器の自然な機能低下による静かで穏やかな最期を迎えることができた。そして、さいごの瞬間に、母も響介も父の手を取りながらこころで会話ができたのは、本当に正しい選択であったと思う。

響介は、火葬場の煙突からたなびく白い糸を眺めながら振り返る。

父の死は、いろいろなことを改めて考える時間を与えてくれた。響介も、父が亡くなる少し前に49歳となり、俗にいう四苦八苦の入口に差し掛かった。

四苦、つまり「生老病死」について考えながら気づいたのは、昨今の異常とまでいえるような社会の情勢の中において、戦争や殺人や事故や自殺ではなく、病気の延長線上で最期を迎えられるということは、人間にとって本来あるべき幸せな人生なのではないか…ということだ。そう考えると、父の死は理想的なものだったかも知れない。

妙なもので、今の響介には絶えず父が傍にいてくれているのがよくわかる。これは実に不思議な感覚だ。父が湯河原に移ってからは、生前元気であった頃よりも、父と頻繁に接し、非常に身近に感じながら過ごしたものだった。

「肉体は滅びても魂は残る」

そういうことって本当にあるんだなぁ～と実感している、響介の今日この頃である。

パート5

シニアへのメッセージ

1 「後の祭り」にならないためにすべきこと

とにもかくにも、もしも親の様子が変だと思ったら、下手に様子を見ようなどと考えないでほしいですね。時間が経てば経つほどに状況は悪化してしまうはずですから。医者や施設のお世話になるのはかわいそうだという「情」の問題はあって当然です。でも、だからこそ、早めに具体的な行動を取るべきだと思うのです。深情けや自己犠牲ゆえに「老老地獄」を招いてしまうことだってありますから。

信じられないことですが、いまだに親族や隣近所の手前…などという人がいます。所詮、外野は外野。口は出しても、いざという時に、お金や労働力は出してくれないのがこの世の常です。

当事者である親とあなたを本当の意味で守ってくれるのは、決して彼らではない。そのことは肝に銘じてほしいと思います。

他人のことはいくらでも好き勝手を言えるものです。でも、来る日も来る日も介護の矢面に立たされ、心身ともに疲弊していく介護する側のことは、結局は介護する本人にしかわかりません。その重圧に耐えて耐えて死ぬ気で耐えて、その挙句に、取り返しのつかない事態に陥ってしまうケースが後を絶ちません。無用にがまんしたり、がんばりすぎたりしないほうが双方のため。

壮絶な介護は、哀しい結末を用意していることが多いのです。

ですから、親が変だと思ったら、ためらうことなく地域の社会福祉士にＳＯＳを発信してください。この社会福祉士は何とかしてくれる専門職だと思います。

一億総介護時代あるいは一億総認知症時代がやってきます。そして、もう誰もが気づいているけど口にしないことがあります。

それは、もはや国にも子どもにも期待できないということ。自分のことは自分で守るしかない。それが１００歳まで長生きしなければならない時代の現実なのです。

繰り返します。もしも親が変だと思ったら、迷わず社会福祉士に相談してほしい。

このことは、いまの日本では誰も教えてくれません。誰も知りません。でも、きっとあなたにとって拠り所になってくれるはずです。

2 「在宅介護」も潮時を考えよう

認知症について、現時点での私の考えをお話させてください。現時点での、とお断りしたのは、私も生身の人間ですから、近い未来考え方が変わる場合もあり得ますから。

あくまでも、自分の両親が問題行動を伴う認知症にかかり、また、過去10年以上、認知症のケースに携わってきた立場から積み上げてきた経験則という意味です。そういう前提での話だということです。

問題行動を伴う認知症の患者さんを、家族が自宅で介護するのは無理だと思います。

問題行動というのは、本書で取り上げた〈悠子さんのケース〉であれば弄便。〈杉本さんのケース〉ではもの盗られ妄想や頻繁な電話。〈響介さんのケース〉は暴力と徘徊がそれに当たります。

他にも、石鹸などを食べてしまうとか、セクシャルハラスメントに走ってしまうとか、大声や奇声をあげるなどがよくあります。

こうした問題行動をとる認知症というのは、全体の2割程度ではないでしょうか。つまり、認知症とはいっても、8割の患者さんは、ふさぎ込んだり、ボーッとした状態が続いたり、時間や家族や場所について判断がつかなくなったり、食事を済ませたことを忘れてしまったり…。

そんな症状で、概しておとなしいことが多いのです。

ところが、問題行動のある患者さんというのは、常識外な立ち居振る舞いとなるわけです。日常的に、しかも物理的に、家のなかで絶えずそういったものに直面するようになると、やはりご家族のほうが心を病んでしまうのだと思います。

まだ正常だった頃を知っているだけに、認知症のせいで普通ではなくなってしまった事実を受け入れたくないという思いもあるでしょう。

こんなはずはないと、変わり果ててしまったご本人を必死で元に戻そうとがんばってしまうということもあるでしょう。

他人であるプロが、時間をかけてじっくりと向き合いながらカウンセリングしていくみたいにはいかないのです。血を分けた肉親が相手だと、感情が入ってしまうからなんです。

でも、気持ちを強くもって良い方向に持っていこうとしても、結局は空しさだけが残り終わります。それだけに、そこで燃え尽きてしまうと、昨今よく目にする介護虐待、介護殺人、介護心中のような哀しい顛末を迎えてしまったりするのだと思います。

数多くの相談のなかで、いちばん悲惨だと感じるのは、問題行動を伴う認知症で、かつ、自力で排泄ができない場合です。

これは、誤解を恐れずに言えば、地獄絵です。ご家族がケアするのは絶対にやめたほうがいい。まちがいなくご家族がおかしくなります。

気持ちが張りつめているでしょうから、すぐに症状が出ない場合もあるかもしれない。でも、時を置いて、かなりの確率で問題が生じる。そう確信しています。

極端な話、認知症患者とふたりきりの時間を長く持ったご家族は、その後、ご自身が認知症を発症するケースが多いのです。

医者は科学的根拠がないと認めませんが、私としては経験的にそう思っています。

わたしは、ただでさえ、排泄に介助が必要になったら自宅での介護はやめなさいとお伝えしています。排泄というのは、食事やお風呂の介助とちがって、なかなか時間のコントロールがしづらいのです。

さらに昼夜逆転の状態になると、家族はおちおち眠っていられなくなるんです。いつまた起こされるのだろうと考え始めてしまって、どうしても睡眠不足から精神不安定な状態に陥ってしまうのです。

だから、ひとりでトイレができなくなったら、お気の毒ではありますが、お互いのために距離を置くことをお勧めするわけです。

要は、施設や病院に預けるべきですよと…。

排泄がダメなうえに、いろいろな問題行動が出てきたりしたら、これはもう対応不可能です。直接、介助に関わるご家族はかなり危険な状態になってしまう。

老夫婦ふたりきりで生活するなどあり得ません。これでは共倒れを待っているようなものです。

他に同居人がいたとしても、現実的には介護の分担というのもむずかしいですね。やはり多くの場合、お嫁さんや娘さんが介護を担当し、男性は外に働きに行くというのが一般的です。

そして、来る日も来る日も介護をして疲弊していく女性陣と、信じられない光景をめったに目の当たりにすることのない男性陣の間で、確実に温度差が生じてきます。

そして、夫婦関係や親子関係までがこじれてくるのです。

月に100万円かけて、ヘルパーの資格を持った住み込みのプロを雇えるような裕福なご家庭ならいざ知らず、ふつうのご家庭で、ご家族が介護するなど無謀すぎると思います。

3 「問題行動」の根っこにあるもの

認知症の問題行動についても思うところがあります。いわゆるまだら呆け状態のご本人にカウンセリングをやってみると、その人の取られる問題行動の根っこには、過去のネガティブな記憶が関わっているように思えてならないのです。

例えば暴力行為を働く人の場合、戦争とか激しい喧嘩とか、ご両親に手をあげられていたとか。そういった封印してしまいたいような、あるいは、封印していたトピックがあることがわかってくるんのです。

もの盗られ妄想で、「お金を盗まれた」と訴える人は、過去にお金にまつわる何かしらネガティブな経験を抱えています。

弄便みたいなことをする人は、幼少の頃にお粗相をして親から激しく叱られた経験があったり、食べ方に異変が出る人だと、かつて食べることに苦労をしていたとか。徘徊ですと、門限が厳しいとか、あちこち自由に遊びに行くことを許してもらえなかったとか。

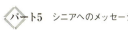

まあ、科学的根拠がないと言われてしまえばそれまでのことですが、私の立場ですと、ある意味、根拠とか原因とかはどうでもいいんですよね。目の前でいま起こっている問題行動がなくなればいい。緩和されればいい。

それによって、困り果てているご家族の日常に平安が戻ってくればいいんです。そのためにも、科学的根拠があろうとなかろうと、考えつくことは、とにかく試してみる。そういうスタンスでお手伝いをしているのです。

その意味では、西洋医学に対する東洋医学みたいなスタンスなのでしょうね。大体、この世のなかには、科学では検証できずにいることがまだまだいっぱいありますから。なぜ十月十日で赤ちゃんがお母さんのお腹から出てくるのか、いまだに解明できないですからね。

認知症だってまだまだ人智の及ばない領域の話です。やはり、論理的アプローチと情緒的アプローチの両方が要ると思っています。その後者のほうをお手伝いできればいいと考えているのです。

4 今突きつけられる「究極の課題」

それと…。少し話は変わりますが、中期的な視点に立った時、現代人が考えていかねばならない問題があります。

安倍内閣の「一億総活躍社会」構想の流れから、「新3本の矢」が放たれ、「介護離職ゼロ」みたいな話が出てきています。これを受けて、大手介護企業などは、こぞって事業拡大戦略に舵を取るようになりました。

ですが、皆さん本当のところはわかってますよね、「絵に描いた餅」だって。現状は介護職に就こうという人がいないわけですから。

ただでさえ、国民の3人にひとりが高齢者、みたいな時代に向かっているのです。働ける世代が足らないのです。介護される側の人と、介護する側の人と、人数が違いすぎてもうどうにもならないのです。

でも、そうなったところで、永田町や霞ヶ関の人たちは困ることはないのです。自分たちが、寝たきりでも認知症でも、24時間サポートしてもらわないとだめな状況になったとしても、お金の力で解決すればいいと思っていますから。
所詮は、彼らにとっては、介護の問題というのは一般大衆レベルの話に過ぎないんです。要は他人事なのです。

この問題に対処しようと思ったら、どうしても避けては通れない問題に行き当たります。それは「尊厳死」の問題です。

10年前くらいまでは、医療の世界では延命治療は善とされていました。医者たちは、本人やご家族の意向も確認せずに、積極的に「胃ろう」造設をしていました。最後の最期まで全身に管を装着され、家族が息を引き取る瞬間に立ち会うことさえ妨げながら、自分たち医療者のための延命を当然のように行ってきました。

でも、10年が経過した今、そんなことを頼む患者やご家族はもちろんいませんし、医者たちの間でも、患者側の意思を無視した医療には問題があるという認識が定着しつつあります。

この延命治療の良し悪し。この話を介護の領域に当てはめるとしたら、それはこういうことになります。

自分でモノが食べられなくなっても生きながらえたいですか？
家族を認識できなくなっても、生きながらえたいですか？
自分で排泄ができなくなっても生きながらえたいですか？

もはや、ここまで突き詰めて考えなければならないほど、いまの日本は切羽詰った状況だと思います。

ちなみに、この質問をアンケートにして、１００人のシニアに回答してもらいました。皆さんのご想像のとおり、８割の人たちは、そんな状態にまでなって生きていたくないと答えています。

ということは、もしかしたら、今現在、そうした状況下で介護を受けながら過ごしている人たちも、同じような価値観を持っていたかもしれないということが言えやしないでしょうか？

そう。人は誰しも、自分がもはや自分の人生の主人公ではないと感じたとき、希望を失うのだと思うのです。

5 「介護職」の心の奥底に潜むもの

さらに、です。「介護離職ゼロ」を理解できない、「もっと先にやるべきことがあるでしょ！」と憤っている介護現場で働いている人たちの声も聞いてみました。

介護職のみなさんはよく「仕事がキツい」とおっしゃいます。では具体的に何が「キツい」のですか？

ごくごく狭い範囲での、ほんの100名の声でしかありませんが…。やはり、私が想像していた結果が出ました。

「仕事がキツい」というのは、重労働で身体的につらいということではないのです。たしかに、腰痛で悩んでいる人たちは多いけれども、それよりももっと大きいのは、精神的につらいということなんです。そして、それはなぜかと言えば、

くさい
きたない

気持ちわるい

そういうことです。とても正直に話してくださったと思います。介護現場で活躍されているみなさんに、「仕事がキツい」の根源的な原因を考えてみていただいた結果、この3つに行き着いたということなのです。

実に7割以上の介護職の方がこう答えているのです。

念のためお断りしますが、だからと言って、介護の仕事がきらいだとか、やりがいを感じていないとか、そんなネガティブな感情に直結しているわけではありません。あくまでも、なぜあんなにも多くの介護職が「仕事がキツい」と訴えるのか、そのおおもとの理由を考えてもらったらこんな結果になりました、というだけの話です。しかし、考えてみれば、口にこそ出しませんが、日本国民の誰しもが容易に想像できることだと思います。

いわゆる老老地獄。それゆえ哀しい事件の被告人となってしまった人たちも、その動機を突き詰めていけば、来る日も来る日も下の世話をしなければならない、その惨めというか、やるせないと言うか、そんなネガティブな感情に行き当たるという話を警察の人に聞いたことがあります。

こういった話をまとめてみると、いまの日本では、もしかしたら、こんなことが起きているのです。

―他人に排泄介助をしてもらったり、認知症になって家族の顔もわからなくなったり、そんな状態になってまで生きながらえたくはないと思っていたかもしれない人たちに対して、潜在的にではあるけれど、「くさくて、きたなくて、気持ちわるいから、本当は積極的にはやりたくないなぁ」と思っている人たちが、毎日毎日疲弊しながら必死で介護をしている……―

ということになります。それでも、片目をつぶりながら、いま在ることに対して予算を充当していこうというのが、安倍政権の『介護離職ゼロ構想』だと言えるかもしれません。

6 「一億総恍惚時代」がやってくる

わたしは思うのです。100歳まで長生きすることが珍しくもなくなった今、ここに至って、避けては通れない問題として「尊厳死」の話が出てくると。

有吉佐和子さんが「恍惚の人」を書いた時、ボケ（認知症）老人というのはまだ市民権を得ていませんでした。ボケっておそろしいねぇ〜と言いながらも、まだまだ対岸の火事だったと思います。

でも、ごくごく近い未来、一億総介護時代とか、一億総認知症時代とかが来るかもしれないのです。

そうなったとき、ほんの数十年前までは、死期を悟った本人や家族が少しずつ食を絶っていきながら、周囲に迷惑をかけぬように人生の幕引きをしていった時代もあったことを、もう一度、見つめ直す必要が出てくるような気がしてならないのです。

だれもが、自分の生き方のみならず、死に方についても深く考えるべき時代になったのです。そして、本人の意思が明確になったとして、国家にはそれを尊重するようなインフラの検討が求められるだろうと、私は思うのです。

こんな考えを述べますと、必ず厳しいコメントを頂戴します。「偏っている」とか「冷酷だ」とか。でも、まちがいなく、ひとりひとりが真剣に真摯に、自分の死について考えるべき時代になったのだと、私は思っています。

7 「あれっ？ 何か変だな」と思ったら即〝SOS〟

親が変だと思ったら、躊躇《ちゅうちょ》せず「SOS」を発信してください。それが親と子お互いのためです。

では、何処に、誰に対してSOSを発信したらいいのでしょうか？

ズバリ、「社会福祉士」という国家資格をもった者を筆頭にあげておきます。

現実問題として、私どもに寄せられる相談ケースを見ても、とにかくご家族の「初動」が遅いのです。

ご本人のみならず、ご自身やご家族のためにも、初動を早くしてほしいと思っています。はじめの一歩を早く踏み出せば、それだけ早く皆さんが苦しい思いから救われるのです。

これはもうお願いです。少しでも「あれっ？」と感じたら、一切のためらいを捨てて、一刻もはやく、コンタクトしてください。

ここで、本書で取り上げた3つのエピソードの補足をしておきます。

まずは「悠子さんケース」

弁護士を探し、義母の意思を確認した上で、資産分配において家族争議が起きぬよう、必要手続きの一切を、社会福祉士が窓口となってお手伝いしました。

つぎに「杉本さんケース」

実家の転売を社会福祉士がお手伝いしました。複数の中古物件専門の大手不動産会社に買い取り査定をしてもらい、もっとも好条件だった会社との間ですべての手続きを代行させていただきました。

さいごの「響介さんケース」

予算内で賄える葬儀社を社会福祉士が探しました。一切合財で50万円以内に収まるよう希望地域の葬儀社と個別交渉し、ご納得のいく家族葬を段取りさせていただきました。

〈メッセージまとめ〉
―「社会福祉士」は老後問題のプロフェッショナル

私どもは、24時間365日対応の電話相談、カウンセリング、病医院とのあらゆる折衝、転院先の確保、終の棲家探し、介護事業者との契約立会い、役所や金融機関での諸手続きの立会い…を行います。

これらに加えて、遺言状作成、相続手続き、土地家屋の転売、葬儀社探しといった、エンディングを迎えるまでに遭遇するであろう、あらゆることに対応しました。

それができるのが社会福祉士だということです。医師、看護師、病院ではありません。さらに、生命保険の医療介護特約や互助会の積み立てよりも、はるかに安心で実際的なサポートであるはずです。

シニアが本当に求めているのは、何か問題や心配が生じたときに、いつでも・なんでも・気軽に相談できる総合窓口です。自治体や医療機関や金融機関の窓口というのは、現実には一定の時間内（通常は、平日の日中時間帯のみ）に、ある一部の問題にしか対応してくれません。

しかし、シニアが抱えている問題というのは、夜間や休日に起こりがちですし、その中身にしても、「老人は病気の百貨店」というのと同様に、いろいろな問題が交錯している場合がほとんどです。

そのひとつひとつに対処するために、あちこちの窓口を回って個別に折衝するというのは効率的でないし、相当なストレスなのです。

さらに、たまたま出会った相手が杓子定規だったり、コミュニケーションが稚拙だったりすると、そこであきらめてしまう。「まあ、いいか」と問題を先送りしてしまうことが多いのです。

いざという時に子どもの携帯を鳴らしても即対応はできません。子どもたちだって忙しいのです。最初のうちはいいけれども、緊急電話が頻繁になってくると「いいかげんにしてくれよ」となるのです。

で、親子関係が変になっていくわけです。そうなるとシニアは、やむなく我慢しながら、ごまかしながら時間を過ごします。そしてあるとき、ついに緊急事態が発生します。

その時には、どうしていいかわからず、よくわからないまま、たまたま出くわした「相手」を信用し、すべてを委ねてしまうのです。そして後で悔やむのです。こんなはずじゃなかったと。

社会福祉士は国家資格です。合格するためには、相談援助の技術のみならず、医学・法律・栄養学・社会学・統計学・心理学・介護実務…といった、実に多岐にわたる勉強をしなければなりません。

その意味で、シニアが直面すると考えられるすべてのテーマについて、かなり広範囲にわたる知識や情報を持っているということが言えます。

また、その地域の社会インフラ、医療機関・介護事業所・各種施設・法律事務所・会計事務所・葬儀社・配食事業者・介護タクシー・リフォーム事業者から不動産会社等々まで。こういったあらゆるサービスの提供者とのコネクションを持っています。

社会福祉士のポテンシャルは絶大です。うまく活用しない手はありません。欧米では、「ソーシャルワーカー」と称され、専門職の人たちが前面に出てシニアの暮らしをサポートしています。

日本ではまだまだですが、早いうちから、できれば50歳になったら、親のため、あるいは、自分自身のために、社会福祉士との接点を持っておくことをお勧めします。ただ、社会福祉士であれば誰でもいいというわけにはいきません。まあ、これは医者でも弁護士でも同じ話です。

ひとりの人間として、相性とか波長とかが合うか、信頼できるかどうか。その点を見極めたうえで、長くお付き合いする社会福祉士を見つけるべきでしょう。

認知症の問題は、いまや誰しもが通る可能性を持っています。まちがっても、自分には関係ないなどと高を括らないことです。私どもに相談をしてくださるのは大変うれしいかぎりですが、こと認知症の相談については……、

初動が遅い。初動が遅い。とにかく初動が遅いんです！

もしも、親御さんがちょっとでも変だなと思ったら、迷わず気軽に社会福祉士にコンタクトしてみてください。これはもう、本当に迷わずに、お願いします。

そのはじめの一歩が、「老老地獄」という暗雲に、ひとすじの光を投げかけてくれることだってあるのです。

私自身も、NPO二十四の瞳のスタッフも、そんなひとすじの光になりたいと思いながら仕事をしています。みなさんのお役に立てるとしたら、こんなにうれしいことはありません。

最後に、昨年以降に寄せられた認知症ケース26件の概要と対応状況（図9）について添付しておきます。

必ず、なんとかします！　ですから、どうかひとりで抱え込むことのないように……。心からそう祈っています。

（図9） 問題行動を伴う認知症に係る相談対応履歴

認知症に対する基本スタンスは「同居家族の保護」。①相談者の詳細ヒヤリング ②当事者への内観カウンセリング　③河野メソッドによる処方…の３ステップを経て、遅くとも初回相談から１か月以内に対処法を決定する。

No.	年	月	相談者	年齢	当事者	年齢	段階	症状	アクション	HIR	河野式
1	27	2	長男	65	母	82	3	物忘れ⇒見当識⇒暴言、ひきこもり⇒失認	物忘れ外来⇒在宅療養⇒グループホーム	☆	☆
2	27	3	長女	60	母	88	3	物忘れ⇒失行⇒うつ⇒失認、失禁	物忘れ外来⇒保護入院⇒グループホーム		
3	27	3	長女	64	父	85	3	見当識⇒弄便、うつ、徘徊、暴言	物忘れ外来⇒保護入院⇒老健	☆	
4	27	3	長男	58	母	80	3	物忘れ⇒モノ盗られ、暴言、徘徊	物忘れ外来⇒保護入院⇒老健		
5	27	4	次女	57	父	81	2	物忘れ⇒見当識、取り繕い、失語	物忘れ外来⇒在宅療養	☆	☆
6	27	4	妻	75	夫	77	3	物忘れ⇒夜間せん妄、うつ⇒失行	物忘れ外来⇒保護入院⇒老健		
7	27	4	長男	55	母	81	3	見当識⇒モノ盗られ⇒徘徊、失行⇒失認	物忘れ外来⇒保護入院⇒グループホーム	☆	
8	27	5	長女	54	母	82	3	見当識⇒暴言⇒モノ盗られ⇒失行、失認	物忘れ外来⇒保護入院⇒老健		
9	27	6	長男	58	母	84	3	物忘れ⇒作話、取り繕い⇒モノ盗られ	物忘れ外来⇒在宅療養	☆	☆
10	27	7	嫁	57	義母	83	3	物忘れ⇒失語⇒見当識、失行⇒失認	保護入院⇒老健⇒グループホーム		
11	27	7	長女	61	父	85	4	夜間せん妄⇒暴力⇒失行、失認	保護入院⇒老健⇒老人ホーム	☆	
12	27	7	長女	55	父	81	3	物忘れ⇒失語⇒暴言・暴力	保護入院⇒老健⇒老人ホーム	☆	
13	27	8	妻	78	夫	82	4	物忘れ⇒見当識⇒弄便、失禁、失認	物忘れ外来⇒保護入院⇒老健		☆
14	27	9	長女	59	母	81	2	物忘れ、作話、取り繕い	物忘れ外来⇒在宅療養	☆	☆
15	27	10	長男	57	母	82	3	物忘れ⇒失語⇒失行⇒失認、弄便	物忘れ外来⇒保護入院⇒老健		☆
16	27	11	次女	53	父	84	3	物忘れ⇒作話⇒淫行、暴力	物忘れ外来⇒保護入院⇒老健		☆
17	27	11	長女	56	母	82	3	物忘れ⇒見当識、モノ盗られ⇒失行、暴言	物忘れ外来⇒保護入院⇒老人ホーム	☆	
18	27	12	嫁	55	義父	82	3	物忘れ⇒徘徊⇒失禁、失認	物忘れ外来⇒保護入院⇒老健	☆	
19	27	12	長男	58	母	84	4	暴言・暴力⇒見当識⇒徘徊⇒弄便、失禁	保護入院⇒老人ホーム	☆	
20	27	12	夫	77	妻	78	3	夜間せん妄⇒見当識⇒弄便、失禁、失認	保護入院⇒グループホーム		
21	27	12	長男	54	母	80	3	物忘れ⇒見当識⇒暴言、モノ盗られ⇒失認	保護入院⇒老健		
22	28	1	長女	57	母	83	3	作話⇒見当識⇒モノ盗られ⇒失行、暴言	物忘れ外来⇒在宅療養⇒老人ホーム	☆	
23	28	1	妻	74	夫	76	2	物忘れ、失語、取り繕い	物忘れ外来⇒在宅療養	☆	☆
24	28	2	長女	61	父	82	3	夜間せん妄⇒見当識、失行⇒暴力、失認	保護入院⇒老健		
25	28	3	長男	56	母	83	3	物忘れ⇒作話、モノ盗られ⇒弄便、失行	物忘れ外来⇒保護入院	☆	☆
26	28	3	長女	53	母	83	3	失語、見当識⇒うつ⇒徘徊	物忘れ外来⇒保護入院	☆	

＊河野メソッド・・・私どもが推奨する医学的アプローチ。医者選びに迷っている相談者には河野メソッドに取り組んでいる病医院を紹介している。

社会福祉士とは

社会福祉士（しゃかいふくしし、英: Certified Social Worker）とは福祉系国家資格であり、三福祉士（介護福祉士、精神保健福祉士、社会福祉士）とされる［1］［2］。社会福祉士及び介護福祉士法を用い、身体上・精神上の障害があるために日常生活を営むのに支障がある人の福祉に関する相談に対して助言や指導、援助を行なう専門職である。

社会福祉士はジェネリックな力量を活用し、保健・医療（MSW）、児童福祉、高齢者福祉、障害者福祉、行政、その他社会福祉業務全般を行う『ジェネラリスト・ソーシャルワーカー』であるのに対し［3］、精神保健福祉士は精神障害者の保健及び福祉分野を行う『スペシフィック・ソーシャルワーカー』である。また社会福祉士は英語でソーシャルワーカー（SW）、介護福祉士は和製英語でケアワーカー（CW）と呼称されている。学歴によっては社会福祉士と精神保健福祉士又は介護福祉士の、双方の国家資格を取得することも可能である（精神保健福祉士の追加・同時取得の場合、国家試験の一部科目免除がある）。

医師、歯科医師、薬剤師など資格を保有しないと職務を行えない業務独占資格と違い、社会福祉士は長年資格を保有しなくても職務を行える名称独占資格であった。しかし近年では医療保険点数の改訂において後期高齢者退院調整加算等が新設され保険加算のための人員配置基準となり、2006年介護保険法改正により、各市区町村の地域包括支援センターでは社会福祉士の資格を保有する者のみがクライエントからの相談業務、サービス事業者および行政との連携業務を行う人員設置基準（必置資格）となった。

また、障害者福祉施設において社会福祉士の配置による加算、児童福祉施設の最低基準の改正に伴い職員配置基準の一つとして社会福祉士が加えられた。条文上、成年後見制度に於いて弁護士、司法書士に並び職能職業後見人と認められる3士業のうちの一つである。

出典：フリー百科事典『ウィキペディア（Wikipedia）』より

社会福祉士の定義

社会福祉士及び介護福祉士法（第二条第一項）において『社会福祉士』とは第二十八条の登録を受け社会福祉士の名称を用いて、専門的知識及び技術をもつて、身体上若しくは精神上の障害があること又は環境上の理由により日常生活を営むのに支障がある者の福祉に関する相談に応じ、助言、指導、福祉サービスを提供する者、又は医師その他の保健医療サービスを提供する者その他の関係者（第四十七条において「福祉サービス関係者等」という。）との連絡及び調整その他の援助を行うこと（第七条及び第四十七条の二において「相談援助」という。）を業とする者、をいう。

社会福祉士の育成

社会福祉主事任用資格は大学及び短期大学で厚生労働大臣の指定する社会福祉に関する三科目以上の履修で取得できるが、これは大学・短期大学において指定科目の三科目以上を履修し、卒業した者に与えられる資格である（社会福祉主事任用資格は専修学校の専門課程でも取得できるが、この場合指定三科目以外の法令で規定されている科目の単位取得が必要となる。専修学校が学校教育法の一条校ではないのに一因する。）。社会福祉士は大学等の指定養成機関で指定の科目を履修し卒業した後に得られる国家試験受験資格を得て、国家試験を受験して合格した者のみ与えられる。

学士を持たない人が福祉研究のため大学院に個別入学資格審査できる資格である。[4]

過去5年間（2010-2015年）において、おおむね社会福祉士合格率は25-28%となっている。世の中における社会福祉専門職の需要が高まるなか、近年は徐々に社会福祉士国家試験は難化している。

社会福祉士国家試験

社会福祉士国家試験（しゃかいふくししこっかしけん）とは、厚生労働省が管轄し財団法人社会福祉振興・試験センターが毎年1月下旬に実施する国家試験をいう。社会福祉士として必要な知識及び技能について行う国家試験である［1］。

社会福祉士はソーシャルワーカーの国家資格である。福祉に関わる資格は三福祉士（介護福祉士、精神保健福祉士、社会福祉士）、公的資格（社会福祉主事任用資格、児童指導員任用資格、介護支援専門員）、民間資格（介護職員初任者研修、福祉住環境コーディネーター）がある。

社会福祉士は社会福祉士の名称を用いて、専門的知識及び技術をもって、身体上若しくは精神上の障害があること又は環境上の理由により日常生活を営むのに支障がある者の福祉に関する相談業務に応じ、助言、指導、福祉サービスを提供する者、又は医師その他の保健医療サービスを提供する者その他の関係者との連絡及び調整その他の援助を行うことを業とする者をいう（社会福祉士及び介護福祉士法第2条第1項）。

試験科目

なおこの国家試験を受験するためには一定の条件を満たさなければ受験資格が得られない。

1. 人体の構造と機能及び疾病
2. 心理学理論と心理的支援
3. 社会理論と社会システム
4. 現代社会と福祉
5. 社会調査の基礎
6. 相談援助の基盤と専門職
7. 相談援助の理論と方法
8. 地域福祉の理論と方法
9. 福祉行財政と福祉計画
10. 福祉サービスの組織と経営
11. 社会保障
12. 高齢者に対する支援と介護保険制度
13. 障害者に対する支援と障害者自立支援制度
14. 児童や家庭に対する支援と児童・家庭福祉制度
15. 低所得者に対する支援と生活保護制度
16. 保健医療サービス
17. 就労支援サービス
18. 権利擁護と成年後見制度
19. 更生保護制度

出典：フリー百科事典『ウィキペディア（Wikipedia）』より

さいごに

大女優・森光子さん（故人）の『放浪記』で知られる作家の林芙美子さんの有名な言葉に、「花の命は短くて、苦しきことのみ多かりき」があります。しかし現代は、「花の命は長すぎて、苦しきことのみ多かりき」と言わざるをえません。

平均寿命は男性が80歳、女性が87歳。１００歳以上の人口は、なんと6万人。10万人を突破するのは時間の問題です。現代は、長生きしなければいけない時代なのです。逆に言えば、私たちは長生きと引換えに、さまざまなリスクを背負い込んだとも言えるでしょう。

芥川龍之介流に言うなれば、「老後は地獄以上に地獄的」。橋田寿賀子風に言えば、「老いる世間は鬼ばかり」ということになるのでしょう。

「四苦八苦」という言葉があります。四苦（生・老・病・死）とは、いわゆる苦しい辛いの「苦」ではなく、「自分の思い通りにならないこと」を指すそうです。

人間にとって、「生まれ」て「老い」て「病」になって「死」を迎えることは「自分の思い通りにならないこと」。故に人生は苦なのである…、お釈迦様の教えです。

でも、私たちが少しでも思い通りになる老後を手にしようと思うのであれば、老い先に対する私たちの望みをじっくりと聴いてくれて、それを実現するために必要な情報を教えてくれて、時に私たちの代わりに行動してくれるようなプロをそばに置いておくことが、もっとも有効な対策だと思います。

そうすることで、生老病死と楽観的に向き合うことが可能になるのではないかと、是非ともみなさんに提案したいのです。

〈NPO二十四の瞳〉を主宰、「人生100年時代の老い先案内人」を自称する、本書の著者も実は社会福祉士です。

社会福祉士という国家資格者と、いつでもなんでも気軽にコンタクトできる関係を築いておけば、それは何よりの実効的な保険になります。

四苦と称される生老病死も、こんなふうに達観できるかもしれません。

例えば「生」。それは、ハエやゴキブリではなく、人間として生まれ生きられることの喜び。

例えば「老」。それは、早死にすることなく、多くの経験を重ね熟成した年代を迎えられることの喜び。

例えば「病」。それは、「死」を受け入れる準備段階として、覚悟を固められることの喜び。

例えば「死」。事故でも自殺でも戦争でもなく、人間としての順序を踏んだ上で病気で死ねる喜び。

そうです。生老病死のステップを踏めることこそが、人間本来の「最も幸福な生涯」なのです。

人生そのものとも言える四苦イコール生老病死は、日本の四季『春夏秋冬』になぞらえることができます。

自分の老い先を悲観して、自暴自棄となり恨みつらみを吐く人がいます。

「春は花粉が多くて大嫌い。夏は暑くてかなわないわ。秋は台風シーズンで雨ばっかりだから憂鬱よねぇ。冬は寒くって凍えちゃうから、あぁイヤだ」。

こんなふうに泣き言や憎まれ口を言ったところで何も始まりません。

人間の幸不幸は、環境ではなく心（脳）が決定するものです。生きていればいろいろな出会いが待っています。春の桜、夏の海、秋の紅葉、冬の雪景色。イメージしてみましょう。春は色鮮やかに咲き誇る花に恋を予感し、夏は波光きらめく銀の海に心を解き放ち、秋はシックな錦繍に愛を語り、冬は雪化粧を愛でながら暖炉の炎を背にそっと抱き合う。

生老病死という人生の険しい坂道だってそうです。四季折々の景色を楽しむかのように、悠然と乗り越えていくことができるのではないでしょうか。

祝福の中に生まれ希望の時を生き、老いに連れさまざまな経験とともに円熟し、病いを得てそれと共に生きる知恵を学び、やがて万事を次世代に譲り自然の摂理に従い静かに去っていく…。

でも、こうした前向きな受けとめ方をしようと思ったら、何らかのきっかけが必要かもしれません。

あるいは、そのための拠り所と言えるような何かが。齢を重ねるごとに、いろいろなものを少しずつ喪失していく哀しみを抱えながらも、とめどなく打ち寄せてくるネガティブの波に飲み込まれずに生きていくためのエネルギーのようなもの。心の奥底の何とも言えない暗闇の例えひと隅でも照らしてくれる一筋の光が…。

たとえ僅かであっても、そんな光を投げかけたいという想いで、私たちは今日も活動しています。そのことをどうか片隅に留めておいてください。そして、何かあったときにはどうぞ思い出してほしい。そう願ってやみません。

こんな歳になったらもうどうでもいいやなんて、そんな投げやりな日々とはサヨナラしましょう。まちがっても死にたいなんて思ってはいけません。生きましょう。生きて、生きて、生きていきましょう。

国家資格者・社会福祉士が、高齢者援助の専門技術を身内のような愛に包んで、今日もあなたの傍らにいます。

誰も知らない、誰も教えてくれない老老地獄を回避するための最善の方法。子に媚びず気を遣わず、誰に負い目も引け目もない、そんなクールな老後を実現するために。

さあ、老老地獄の救世主・社会福祉士を確保せよ。

平成28年5月

ＮＰＯ二十四の瞳 理事長　山崎　宏

<著者プロフィール>

山崎　宏（やまざき　ひろし）

社会福祉士。NPO二十四の瞳 理事長。
1961年、東京都出身。慶大卒後、外資系コンピューター会社、コンサルティングファーム、医療系メディア、複数の病医院を経て現職。シニア世帯向け24時間365日対応の電話相談サービス「お困りごとホットライン」には、過去10年間で5千件超の相談が寄せられている。病医院や行政との折衝に加え、ここ数年で急増した「終のすみか探し」・「問題行動を伴う認知症対応」・「介護離職回避」・「家族関係の修復」等の問題解決に定評がある。社会福祉士三田会常任幹事、認知症学習療法士、医業経営コンサルタント。
コンタクトは、http://24i.jp/　から。

誰も教えてくれない“老老地獄”を回避する方法
―老親・配偶者が「あれっ？ 何か変だな」と思ったら―

著　　者	山崎 宏
発 行 者	池田 雅行
発 行 所	株式会社 ごま書房新社 〒101-0031 東京都千代田区東神田 1-5-5 マルキビル 7F TEL 03-3865-8641（代） FAX 03-3865-8643
装丁・デザイン	（株）オセロ
DTP	田中 敏子（Beeing）
印刷・製本	精文堂印刷株式会社

ISBN978-4-341-08640-4 C0036